新手父母

全美最優秀幼教老師，讓你輕鬆教出自信、
有禮、守秩序、自律、主動學習的好小孩！

幼教老師不用數到3的秘密

What Kindergarden Teachers Know

暢銷
修訂版

曾獲美國年度最佳老師提名 **瓊安・萊絲（Joan Rice）**
得獎記者、知名作家 **麗莎・霍娃（Lisa Holewa）** ◎著
莊綉雲 ◎譯

幼教老師不用數到3的秘密

目次

第五課 運用時間表妥善規劃時間 095

第六課 明定規矩並善加利用 123

第七課

第八課

推薦序1

用對方法，養兒育女可以輕鬆又有效率

◎陳巧芳

個人投入幼教工作十餘年，常於親職講座、各類校園親子活動中與家長互動分享，也深刻感受現下父母的難為與無助：雙薪結構小家庭在教養兒女的質量不足、隔代教養的問題溝通與衝突、單親家庭的親子生活與經濟面難以取得平衡等；部分家長更表示對教養孩子「有心無力」，讓人既心疼又心驚，疼的是孩子們缺乏關照，驚的是家庭教育無法落實！唯有學校教育和家庭教育緊密結合的「全程教育」，才能創造出學校、父母、孩子三贏的局面，因此教育不能只做一半，為人父母應深刻體認這一重點。

所有初次將寶貝送進幼稚園的家長們，都驚喜的發現「原來孩子也可以這麼安靜、專注的學習」、「寶貝竟然可以不用哭鬧的方式處理問題」、「幼兒並非不可

以理性溝通」、「家中小搗蛋在學校變成老師口中的小幫手、小老師」……是的，這就是專業幼稚園老師的神奇魔力，運用習得的幼兒發展理論、各類純熟的教學技法、累積無數實務觀察和互動經驗，這些優秀的幼稚園老師擁有所有父母們最渴望的法寶，他們就像一部部活生生的超實用育兒寶典。

《幼教老師不用數到3的秘密》一書作者麗莎．霍娃（有三個孩子，曾任美聯社記者，是一位善於蒐集資訊的媽媽）與瓊安．萊絲（有兩個女兒，擁有幼兒教育碩士學位，是一位教學經驗豐富的老師）掌握幼兒喜愛「趣味感及樂意嘗試不一樣的東西」的心理，以極其務實、生活化的方式舉出不同情境可運用的錦囊妙計，讓父母面對孩子出招時不再束手無策。並彙整出幼兒腦部學習發展上的特質：「孩子需要在有安全感的條件下學習、腦部喜歡重複活動、大腦渴望新事物、藉由先觀看後進行來學習如何做新活動、在安靜與活潑的動態時間達到平衡時學習狀況最好、喜愛音樂和節奏、透過感覺學習、對於故事記憶特別深刻……」，加上「幼教老師的小叮嚀」也貼心的提供了各章節重點整理，隨時讓讀者溫故知新。

只要用對了方法，養兒育女也可以既輕鬆又有效率，前提是要先能了解並尊重幼兒是獨一無二的個體，都有個別的差異性，可以引導他適性發展，容許他能不斷在犯錯、修正中學習成長。父母須清楚：教養幼兒無法速成，不論您要教導或要求孩子學會好觀念、好習慣，務必以身作則且秉持堅定的態度，循序漸進按步驟一一反覆叮嚀、練習，最終才能達成預定的目標。《幼教老師不用數到3的秘密》的出版不啻指出幼教師資的專業內涵不容忽視，更為廣大幼兒家長們注入一股教養信心的強心針！

——陳巧芳
・巧可麗教育機構教務督導

推薦序2
幼教工作是一個自我「重生」的歷程！

◎藍天鳳

我們機構在應徵教師的筆試考卷中有一題：「妳用什麼方式讓吵鬧中的幼兒聽妳說話？妳相信輕聲細語及和顏悅色有可能帶出有紀律的班級嗎？為什麼？」

同時，在每學期末，固定讓教師自我反省的評量中也有一題：「妳的孩子們遵守規則是因為怕妳，還是因為能體會規則的涵意而自發性地遵守？」我替教師與主管做教育訓練時常常提到：「幼教老師就像魔法師，要善用手中的神奇棒，沒有義務教育裡的課業束縛，又面對通常會把老師的話當聖旨的幼兒，應該可以盡情發揮創意，讓學習變得繽紛多采。」

幼小孩童的世界裡除了玩樂還是玩樂，如何善用孩子愛玩的天性來設計活動或與孩子互動，是成功帶領幼兒的必要條件，比如：「讓孩子學老鼠的動作靜悄悄地行走」的指令，絕對比「嚴肅要求孩子要排好隊依序安靜行走」的指令要容易達到效果。因此童心與創意，是一位優秀幼教老師的魔法之鑰，它能讓孩子不自覺地學習並且快樂地成長。

我常和老師們強調，幼教工作其實是一個可以讓人「重生」的工作，在引導幼兒的過程中，尤其在建立生活常規、訓練生活自理能力方面，很多動作、很多習慣，平常我們做起來可能是理所當然，但這其中，或許有些習慣、有些動作，我們自己也積習已久，所以做的不見得正確或確實，比如：摺衣服、甚至洗臉、刷牙、掃地等等的生活瑣事，當我們要教孩子這些動作時，我們可能會靜下來審視這些動作的步驟，應該怎麼做會更確實，應該怎樣分解、怎樣示範會讓孩子更明瞭、更好模仿，在這樣一個自我反射的過程中，一定會做到自我調整、自我加強甚至自我學習。因此，透過教導孩子的過程，教導者同時正在經歷一段自我的重新成長，幼教工作之所以意義非凡，除了帶給孩子長遠的影響外，對幼教執行者而言更是受益良多。

有了清楚的認知，加上靈活的技巧，教導幼兒其實是一個快樂又神奇的工作，在《幼教老師不用數到3的秘密》一書中，作者以實例出發，並提供許多有趣又簡易的活動供教師或家長應用，在實用的角度中，更點出許多重要的幼教理論基礎，透過書中鋪陳，讀者更能了解孩子的發展，在引導孩子的過程中也更能符合孩子的需求。這本書不僅對教育工作者不可或缺，對為人父母者也是一本必備的教養工具書！

——藍天鳳

・快樂瑪麗安美語教學機構創辦人暨總經理
・《八顆糖教出國際力》作者

推薦序3

提供適齡、具體有用的引導方法

◎羅文喬

在與家長互動的過程中，最常被問到的問題就是「為什麼孩子在學校會收玩具，但在家裡卻不收？」許多家長的心中一定都有一個疑惑：「為什麼孩子只聽老師的話？」這個問題最重要的關鍵在於：老師有「讓孩子聽話的祕訣」。

幼兒階段無論在身體或心理上的發展都與成人完全不同，與幼兒溝通必須了解幼兒的能力及需要，用對的方法，即適合幼兒的有效方法。幼稚園老師的專業訓練，能夠幫助他們了解每一個年齡層幼兒身心的發展，及培養老師具備運用有效和適切的方法，以滿足孩子身心發展及需要的能力。這是幼稚園老師能夠與幼兒有效溝通的最大秘訣。

在《幼教老師不用數到3的秘密》一書中，作者從幫助父母了解孩子的成長發育開始，清楚地為父母說明各年齡層幼兒在發展上的能力，讓成人能夠對幼兒有適當的期待；同時，也要父母認清每一個孩子有自己的獨特性及不同的成長學習步調。

書中並具體說明幼教老師如何有效教學的指導原則：了解幼兒的想法，幼兒遊戲及學習的模式，以及如何根據幼兒發展為基礎，設計適齡的各類型學習活動，並且提供父母多種具體有用的引導方法。

還有如何安排家中的環境、空間及時間，幫助幼兒表現適當的行為及培養良好的生活習慣。此外，也針對生活中各種常見的問題，如起床、分離焦慮等，提供有效處理的方法及錦囊妙計。

本書作者麗莎·霍娃及瓊安·萊絲運用淺顯易懂的文字及具體簡單的方法，將嚴肅的教育理論及技巧，編寫成這本容易閱讀又實用的教養手冊。相信必定可以幫助父母親更能掌握幼兒的成長，享受親子互動的美好時光，並幫助孩子愉快學習。

——羅文喬
・輔仁大學兒童與家庭學系講師

推薦序4

撫養孩子是門科學

◎勞倫斯．莎碧羅

多數父母不了解，撫養快樂、健康和成功的孩子是門科學，老師們花了幾年時間學習這門學問，研發他們的技巧，但是鮮少有父母親從這種專業知識中受益。

霍娃太太和萊絲老師以多年來教導與照顧孩子的經驗，撰寫這本淺顯易懂而且非常實用的書籍，每位父母都能從中找出寶貴的訣竅，幫助他們可以更輕鬆、有趣的教養自己的孩子。

——勞倫斯．莎碧羅（Lawarence E. Shapiro）
・哲學博士
・《兒童的語言密碼》（*The Secret Language of Children*）作者

推薦序5 讓我唯一留存的教養書

◎賈桂琳．米察

這本書談到有關教養出適應力良好和快樂孩子的好方法，並提供實用、以經驗為基礎、有常識且貼切的建議，麗莎．霍娃與瓊安．萊絲所寫的這本書是少數真正能符合這些條件的書之一。

坦白說，麗莎和瓊安拿《*What Kindergarten Teachers Know*》的手稿給我時，我在想：「這本書聽起來很好，作者也不錯。」所以我很樂意瀏覽，並且給她們一些建言，但是當她們要求我為這本書寫序時，我不得不推辭。我的手邊已經有一本小說在進行，還有另一本需要投入，同時有好幾篇給報社的稿子等著我完成。我得照顧兩個準備回小學就讀的孩子，還有兩個念大學、一個念幼稚園的孩子；除此之外，我正準備在一個研討會授課、還要努力了解為什麼我那四歲的孩子會擁有七尺男子漢的強硬性格，而且除了一個之外，為什麼其他孩子屢次撒謊都不肯悔改。

那天是忙碌的星期四早上，我驚覺到自己……正在使用我從《*What Kindergarten Teachers Know*》學來的資訊，解決我那難以駕馭的四歲孩子以及害羞卻可愛的八歲孩子的問題，我正在運用一本被我拒絕寫序的書，而且正在查閱一本教養書籍的資料——我！這樣的超級媽媽，打從我出生之前就一直存在著！我這位超人媽媽被其中一個孩子評等為丙等母親，外加幾個甲等在我最喜歡的科目上（感謝瑪蒂），是家庭唯一的支柱，上有一個丈夫，下有七個小孩（其中六個仍然住在家裡）、一隻狗、兩匹馬和一隻田鼠，是個從手足相爭寫到青少年責任等各種題材，為文數百篇的作家。

我不但拜讀史帕克博士（Dr. Spock，1903～1993年，提倡不應該對孩童施行體罰）的著作，我還認識史帕克博士。

我認為自己所做的大部分事情都是妥當的，但納悶為什麼不是所有的對策都能發揮功用。其實，我調皮的十一歲女兒在我生日那天送我一本《保母救救我》（*Nanny 911*），那本書和《育兒寶典》（*Baby and Child Care*）、《兒童的道德生活》（*The Moral Life of Children*）有幾頁我都用標籤作記號，但是在我擔任《父母親雜誌》（*Parenting*）與《美妙時光雜誌》（*Wondertime*）特約編輯的那幾年，書架上其他關於教養技巧的書籍，只是擺在那裡讓我撣灰塵而已。那個星期四，當我發現自己使用《*What Kindergarten Teachers Know*》的建議，我決定把其他那些教養書籍交給別的父母親。

不過我不會和《*What Kindergarten Teachers Know*》分離太久，因為它即將問世。

這本書傳授新的教育祕訣和妙計。

不管你是新手父母或經驗豐富的老手、祖母或照顧兒童的專業人士，本書將會使你受益良多。

——賈桂琳．米察（Jacquelyn Mitchard）

・《失蹤時刻》（*The Deep End of The Ocean*）作者

・《美妙時光雜誌》特約編輯

作者致謝詞

◎麗莎・霍娃&瓊安・萊絲

獻給各地偉大的老師，
他們啟發及教導許多家庭，
一點一滴改變這個世界。

獻給我們的孩子——漢娜、愛蜜莉，以及瑪雅、傑克、露西，
他們教給我們的東西遠遠超乎我們所預期的。

獻給我們的丈夫——羅伊及約翰，
他們陪伴我們學習與成長。

前言　幼稚園老師的教育魔法

我站在大女兒的幼稚園教室裡，她正和二十五位五歲大的小朋友急急忙忙到門口排隊，等候老師指示。並不是每個孩子的眼睛都注視著萊絲老師，一個男孩正用手指戳他前面的女孩，另一個小朋友吃力地綁著鞋帶，還有一個女孩逗留在地毯區附近……。然而不過在幾星期之前，這裡還只是一群龍蛇雜處的孩童聚集地，每個孩子都忙著做自己的事情，不把老師的指令當一回事，不肯放下玩具，也不懂得團隊合作。

不過就在進入這學年的第六個星期，他們總算像個「班級」了。他們站立在隊伍中，相當安靜地等候著下一個指示，準備做出老師要求的事情。從剛開學我第一次踏進這個混亂無章的教室到現在的狀況，變化如此之大，我不禁納悶：「幼稚園老師是怎麼辦到的？」

我看著女兒瑪雅，個子雖然嬌小，站在隊伍中間仍然顯得高眺。「走到你的櫥櫃，穿上外套，揹上背包。」萊絲老師冷靜地告訴學生，她舉起三根手指。「櫥櫃，」她說道，碰觸其中一根手指。「外套，」她說道，並抓著第二根手指。「背包，」她抓著第三根手指說道。

「櫥櫃、外套、背包。」她重複道：「櫥櫃、外套、背包。」

他們快快樂樂地走到走廊——像是活潑可愛的孩子，而不是一板一眼的機器人——但是全部都做同一件事情。

顯然這其中有些教養祕訣是非常值得學習。

我看著女兒，**心想如果孩子在家裡也能夠像在幼稚園一樣聽話，不會拖拖拉拉浪費時間，以及永無止境地討價還價，那麼生活可以過得多輕鬆呀**！我幻想自己家裡就像這所幼稚園教室一樣令人愉快、有秩序，而且持續保持。我想像著，家裡所有的事情都有人分憂解勞，而不是一邊喃喃抱怨、一邊親自處理家中大小事情。

環顧布置得明亮潔淨、整齊有序的教室四周，日課表張貼在後面靠近氣象報告的地方。教室明顯區分為遊戲、美勞和課堂作業區，每個孩子都有一個小櫃子放學校用品，如：蠟筆、馬克筆、膠水等，即使是剛到教室的陌生人，也可以輕易把每件東西歸回原位。

最重要的是，萊絲老師指揮行動路線，讓每個孩子都能依照路線出入，而且她讓每個孩子得到需要的個別關注——**回答問題、聽故事、給與讚美**——不會讓整個教室陷入混亂。

她是怎麼辦到的？

我站在教室裡面望著萊絲老師和她的學生，心裡明白她正在施展一種魔法。我的問題是：我在家裡也可以對孩子施展同樣的魔法嗎？有沒有辦法可以學習這些訣竅？即了解這種魔法背後的祕密，並且**將這些訣竅加以修改後，在教室以外也一樣能發揮作用。**

當然，我了解老師比父母多了些優勢。對於新手爸媽，他們就是難以成為稱職的父母。孩子面對家庭以外的世界，很自然地傾向於表現出最好、最服從的一面，收斂許多偏差、不規矩的行為，但是在安全的家裡面卻動不動就耍賴。在教室裡有「同儕壓力」的元素，例如說，一個可能在門口等候時吵鬧的孩子，如果看見同學們乖乖排隊，自然不敢過於喧鬧。話說回來，老師數年來所受的專業訓練，在管教孩子方面，自然比只是學點皮毛的父母親要來得遊刃有餘。

然而，我還是看得出萊絲老師的妙計，有許多可供新手父母親學習參考的地方。

那天最令我嘖嘖稱奇、同時也是最簡單的其中一個例子是：到了要孩子暫停手邊的活動，準備跳到下一個新活動的課程時，萊絲老師正指導那些還沒完成的孩子，要他們把作品放進「未完成」（Works in Progress）的小袋子（那是個掛在作品區一端的檔案夾）裡。一般情況下，由於孩子想要完成作品，但是不知道稍後是否還有時機回來做這項工作，而可能爭吵或嘀嘀咕咕。對我而言，這實在是個可以應用的妙計；我女兒吃午餐、去商店或準備「洗澡」的時間到了，而她仍想把她「進行中」的活動完成再說。這個例子使我想到，她需要的不是一個更堅決的「停止」指令，而是誠實地「承認」她的事情還沒做完，並且知道晚點兒能夠接續完成工作。我在家裡當然可以做到這一點。

另一項奇蹟是：當萊絲老師想插嘴，讓孩子們聽她說明下面要進行的事情時，她拍拍手：拍拍（暫停）拍，孩子知道接著要拍手，重複這種拍法：拍拍（暫停）拍。然後萊絲老師再次拍手：拍（暫停）拍拍拍，孩子再次重複這種拍手的順序。那個時候孩子顯然正在集中注意力，於是她傳達了指示。我恍然大悟，原來教養孩子，除了不斷呼喊他的名字，而且一次比一次大聲、一次比一次緊迫盯人，其實我還有其他方法能讓他專心聽我說話。

我看著女兒和她的同學們，心想：**這位從事幼教的優秀老師是怎麼把她的學生教得這麼好的**？為什麼在她的指導下，各個孩子都神采奕奕、變得自信、以他們的技巧感到驕傲、對他們的執行能力和學習能力深具信心？她怎麼知道讓那種以自我為中心、對別人高要求的孩子，轉變成能夠輪流、聽別人講話、幫忙打掃、有組織有紀律，而且投入在工作上的同學？

我決定學習萊絲老師和其他優秀的幼兒老師所使用的管教訣竅，看看能否適合在家庭裡使用。由於曾經擔任過記者（作者曾在美聯社服務十年），我知道如何蒐集資訊，而且我有三個幼兒，對提出問題我具有相當的敏銳度，於是我尋求萊絲老師的協助；**萊絲老師有兩個女兒，是位聰明、有愛心與直覺的老師，她擁有幼兒教育碩士學位，並榮獲我們城市的兒童博物館「年度最佳教師」獎。**

很多個下午我們聚在一起，萊絲老師耐心地解釋兒童發展理論，以及孩子如何學習，直到我全然明白、提出有意義的問題並懂得將它運用在家裡為止。儘管在本書中，從頭到尾你看到的主要內容會是一個家有幼兒的家長，如何學習幼教老師的教育技巧，並將它轉換到家長可以應用的良方。

我們所訪談的老師當中，有些是全美國最頂尖的，其中派翠絲．麥克雷莉（Patrice McCrary）多次獲獎，包括被任命為二〇〇三年肯德基州最佳教師——每天早上她總是用擁抱與和藹的言語來迎接她班上每個孩子；迪士尼教師獎得主寶琳．傑洛克絲（Pauline Jacroux）告訴我們，在夏威夷，她的學生在他們教室外蒼翠繁茂的花園裡，學習日常生活的知識；二〇〇七年俄勒岡州最佳教師賈姬．庫克（Jackie Cooke）表示，**她將簡單的標語貼在小的填充動物玩具上，幫助學生渡過有壓力的時刻。**

聰明的幼教老師有許多神奇的法寶，有許多是不需要特別的用具、不需要訓練、不需要準備，只需要**趣味感及樂意嘗試不一樣的東西**。有兩個簡單又有趣的例子是「象耳朵」(Elephant ears)和「果汁軟糖腳」(Marshmallow Feet)。**當你想要孩子聽從指示，應該停止說：「聽我說！」這類的話，而應該像這樣宣布：「戴上象耳朵的時間到了！」**並且將手指放在耳朵上面彎起來，像大象耳朵一樣，並指導孩子怎麼做這件事情。這項簡單的動作（做點不一樣的事情的樂趣、真正自己完成的肢體動作），將會引導孩子乖巧進入「聆聽」的狀況中，因此你的下一個指示會真正被聽進去。（也可以稍作變化，只是問：「聽話的耳朵準備好了嗎？」並輕輕碰觸孩子的耳朵。）如果你**希望孩子在家裡走動時能放輕腳步**，以免吵醒正在睡午覺的弟妹，或當你只是想走出去到車子那邊，孩子卻抗拒時，**告訴他用「果汁軟糖腳」走路，很神奇地，「小心走路」這個簡單的動作會變得趣味橫生而且驚險刺激。**

在這本書中，我們將教你類似這些老師們每天在教室中使用的技巧——有時候是為了避免撒野的情況，有時候是為了讓孩子守規矩和專心聽話，以及幫助孩子處理他們的情緒。我們會解釋為什麼這些老師的訣竅能發揮效果，並找出將它們調整成能夠在家裡使用的方法。我們將幫助你了解孩子的成長情形，你該怎麼幫助孩子，以及家庭該怎麼共同成長，這些和好的幼教老師幫助學生成為有秩序的班級，方法非常相似。

在這本書中，也包含單純的活動專欄，介紹那些優秀老師在教室使用的教育技巧，儘管我們將它們轉化為適用在家庭的教養技巧，它們的原則和理論都相同，是以非常優秀的教室管理技巧為基礎——根據廣泛接受的研究以及從適當的訓練發展而來，例如美國幼教學會（NAEYC）與美國小兒科學會提出的主要原則。

不管你家裡有一個或三個學齡前小孩，或一個學齡前孩子與一個較大的學齡兒童及一個幼兒（或任何你想像得到的其他組合），都可以運用這些技巧。必要的時候，我們會修改一、兩句，使該技巧適合擁有多名子女的家庭。

雖然這些技巧適合使用在二至八歲小孩，你所學到的這些事情對孩子終生都有所幫助：**孩子能夠學到如何自己解決紛爭、學習讓自己冷靜下來的方法，即使是「真正的遊戲」也具有意義，能夠加強及改變你和孩子的關係。**

但是在我們開始之前，我想聲明，這本書的用意並非教你「正確」的方法去教養你的孩子（也絕不是讓你覺得到目前為止自己所做的每件事都是錯的）。我們並不是給你一張按部就班的藍圖，保證將會培養出一個完美的孩子，更重要的是，我們並非要求改變身為父母的你——反而是要你相信自己是稱職的父母。

我們是在分享教育心得，幫助你能更輕鬆地度過人生當中最艱困的日子。我們要教你，頂尖老師所知道的事，而且我們希望這些從全美最優秀的幼教老師的班級所發展、實驗出來的技巧，能幫助你在教養孩子的過程中遭遇到較少的挫折、產生更多的自信，也或許能多點歡樂的感覺。

——麗莎·霍娃

第一課

了解孩子的身心發展

- 了解孩子的發育，幫助他發揮所長
- 幫助四、五歲孩子學會尊重與責任感
- 了解孩子腦部的成長，並引導發展

學分1、了解孩子的發育，幫助他發揮所長

當我開始學習好老師們在教室使用的技巧，我的任務很明確：找出簡單的訣竅並加以改良，好讓家庭生活可以更輕鬆。但是我學得愈多，愈是了解好的訣竅之所以有效，主要在於它們會隨著孩子的發展而調整，換言之，**好的幼教老師在教室所使用的技巧，確實是適合孩子本身的；最好的技巧是用某項重要方法幫助孩子成長。**

例如：我需要花幾分鐘時間在萊絲老師的教室裡聽她**唱歌**：唱打掃歌、唱指示歌、唱讚美孩子的歌。我認為唱歌這方法很好，因為唱歌可以保持愉快的心情。她唱歌時形成的韻腳，雖然沒有明顯的重要，可是押韻的詞有助於學生掌握學前閱讀技巧。我以前都不知道，原來**認識韻腳的學習，是孩子學會閱讀的重要關鍵**。

玩遊戲也是一種技巧。托兒所和幼稚園老師是將每天工作變成有趣遊戲的專家。但是在教導三歲孩子時，絕對不能讓這種遊戲帶有競爭意味，或把焦點放在勝

利上，為什麼呢？因為就成長發育而言，這個年齡的孩子多數會選擇寧可不要玩遊戲，只因不想經歷輸掉的風險。

成為好老師必須了解孩子一些事情。例如花幾年時間從畢生研究兒童發展的人那兒學習這門學問，最好的幼教老師應知道二至八歲孩子的心理狀態，了解能從孩子身上期待什麼、什麼又是不合理的期待、孩子的想法、怎麼玩遊戲，以及怎麼學習。

在進入教室正式開始學習好老師使用的技巧前，我們也應該認識一下兒童的發展——兒童成長的基礎、什麼時候可以預期他做到什麼事——並且了解具備這種知識將可以幫你在家更輕鬆地使用老師的技巧。

了解孩子的發展有助於好老師度過每一天，幫助她想出最好的辦法來吸引孩子的注意，讓她可以看出孩子的遊戲是健康的或令人擔憂的，這也說明了為什麼一間三歲托兒所教室的老師，對某個孩子因為玩具而打了另一個孩子時，不會大驚小怪，但如果這件事發生在幼稚園教室就會比較令人擔心。

下面是幾個美國小兒科學會擬定的兒童發展里程原則，出自美國小兒科學會的書籍《照顧寶寶與幼兒：從出生到五歲》（*Caring for Your Baby and Young Children: Birth to Age 5*）、《照顧學齡孩子：從五歲到十二歲》（*Caring for Your School-Age Child: Ages 5 to 12*）。

多數的三歲孩子應該能夠：

- □模仿大人與玩伴。
- □知道並說出一般物品和圖畫的名稱。
- □坦率表達感情。
- □能將手中的東西和書裡的圖片配對。
- □了解你的、我的，及他和她的概念。
- □和洋娃娃、動物與人玩假扮遊戲。
- □握住鉛筆或蠟筆，用來畫線和圓形線條。
- □根據形狀和顏色將東西分類。
- □旋緊或轉開瓶蓋、螺帽或門栓。
- □了解「二」的概念。
- □遵循兩、三道程序的指示。

如果三歲孩子出現這些情況，應該和小兒科醫生討論：

- □ 無法用片語溝通。
- □ 沒辦法參與玩扮家家酒遊戲。
- □ 無法了解簡單的指令。
- □ 對其他的孩子興趣缺缺。

多數的四歲孩子應該能夠：

- □ 愈來愈熱中於需要想像的扮家家酒遊戲。
- □ 有興趣參與新的體驗。
- □ 和其他孩子合作。
- □ 對於衝突開始協商解決辦法。
- □ 模仿畫出方形。
- □ 畫出人的身體兩個到四個部位。
- □ 開始模仿大寫字母。
- □ 了解相同和不相同的概念。
- □ 說出含有五到六個字詞的句子。
- □ 說故事，並重述部分的故事。
- □ 了解計算的概念。
- □ 將自己看成一個完整的人——有身體、心靈和感覺。

如果四歲孩子出現下面這些情況，應該和小兒科醫生討論：

- ☐不會塗鴉。
- ☐不參與扮家家酒遊戲。
- ☐對於需要互動的遊戲明顯不感興趣。
- ☐生氣或心煩的時候會亂踢、無法自制。
- ☐對其他孩子視而不見。
- ☐不會使用三個字詞以上的句子。
- ☐對於家裡以外的人沒有回應。
- ☐不會適當使用「我」和「你」。

多數的五歲孩子應該能夠：

- ☐想要取悅朋友，而且做出和朋友相似的舉動。
- ☐說話時會使用未來式。
- ☐樂於接受規矩。
- ☐能夠模仿畫出三角形。
- ☐能夠分辨真假。
- ☐不需要別人幫忙就會穿或脫衣服。
- ☐說比較長的故事。
- ☐會用叉子和湯匙吃東西。
- ☐喜歡唱歌、跳舞和演戲。
- ☐會數十個或十個以上的東西。

如果五歲孩子出現下面這些情況，應該和小兒科醫生討論：

- □ 極度害怕或羞怯。
- □ 攻擊性極強。
- □ 沒有周全的保護就離不開爸媽。
- □ 沒有興趣和其他小朋友玩。
- □ 通常拒絕回應別人，或只是草率地回應。
- □ 玩耍的時候很少運用想像力或模仿。
- □ 多數時間看起來悶悶不樂或傷心。
- □ 不會表達廣泛的情緒。
- □ 無法正確說出自己的名字。
- □ 不曾談起他日常的活動和經歷。

孩子以他們自己的步調成長

儘管孩子在某個年紀時，應該大致能達到上述原則，父母看著朋友的孩子或自己孩子的同學，往往很容易覺得：「她才三歲就已經能寫出名字！我女兒卻只會寫出一個字母！」

琳達·迪米諾·杜菲（Linda DeMino Duffy）是聖安東尼奧幼稚園老師，也是二〇〇一年德州最佳教師，她注意到當孩子不會做某件事而同儕卻會做，例如：寫字母或加法，父母通常會很擔心這種問題，不過這些苦惱是可以理解的。

「父母親偶爾會忘了這點。他們擔心地看著自己的孩子：『他不會做那件事。』或『他做這件事有困難。』事實上孩子的能力在這個年齡層是正常的。」她說道。「**有時候你只需要順其自然**，記住，**他們只有四、五歲，給他們一點時間吧！**」

杜菲老師注意到，教學標準同樣忽略了，**並非所有兒童都以同樣速度發展同樣技巧這項事實。有時候父母需要幫助孩子了解他們特有的長處。**

「我們將孩子放在教室裡，有些孩子準備好了，可是有些孩子卻還沒。當我還是孩子的時候，對於閱讀感到很吃力，讓我覺得自己很笨。當你看見別人輕而易舉完成某件事情，而你卻得跟這件事搏鬥，真的很令人難過。」

「我認為你需要了解孩子，幫助他們珍惜自己有創造力的地方。他們也許在音樂或機械上有創造力，每個人在某方面各有其天賦，而天分有千百種，天生我才必有所用。」

學分2　幫助四、五歲孩子學會尊重與責任感

再回到教室看看這些發展，為什麼托兒所老師對於三歲孩子咬玩伴的反應，不會像幼稚園老師對五歲孩子做同樣的事情那樣驚慌？這並非完全歸因於五歲孩子更能控制自己的情緒，其實五歲孩子面對生氣和挫折仍然難以控制，他們仍舊會亂罵、亂踢。

但是請記住，孩子到四歲時能夠協商解決辦法，他們清楚知道自己和別人是有區別的，並且也學會和其他小孩共同合作的基礎。攻擊性的行為對於兩、三歲小孩來說是司空見慣的事，四歲時這種行為將漸漸減少。四歲的孩子很清楚，有些行為是不被容許的——特別是在某些狀況下。到了五歲，孩子已經非常善於社交，他們知道友誼，也想要討好朋友，通常會遵守規則。

所以五歲的孩子可能跺腳，對著同學吼叫：「那不公平！」或：「你根本不懂怎麼分配！」或：「我再也不會跟你玩了！」但是他了解規則和社會角色，因為生

氣而亂踢、吐口水或咬人，這些行為對五歲孩子來說是不應該有的。

在了解哪些行為對兩、三歲孩子而言是合宜的，對四、五歲孩子又該抱持著什麼期待時，務必要記住，在兩歲孩子的眼中，這個世界幾乎和他完全都有關聯。儘管兩歲孩子可以享受和另一個兩歲孩子在一起的樂趣，在以真正的社交來看，他才剛開始和其他孩子玩耍而已——他們也可能仍舊在一起各玩各的，或彼此模仿，但是到了三歲，同一個孩子較不那麼以自我為中心，才能真正和其他的孩子產生互動。

這種改變看似簡單，意義卻很深遠：這表示他了解到，並非每個人的想法和感覺都和他一模一樣。有趣的是，此種改變和**三歲時孩子會將東西分類**（例如把所有藍色的車子都放進一個箱子）這件事有關。由於社交技巧的發展，他漸漸可以將東西「分類」的能力轉移到人們身上，開始去了解人們哪些地方相似以及哪些地方不同，幫助他後來明白，他比其他人更受到某些人的吸引——換言之，他開始渴望友誼。令人吃驚的是，到了**四歲**，**他可以真正了解自己是獨特的個人**，他的特質是討人喜歡的，可以成為別人的朋友。

到了五歲，孩子會開始刻意結交朋友，那是內心深層的欲望。他們**能夠談論自己的想法和感覺**——當朋友分享同樣的感覺時，體驗到興奮感和認同感。在四、五歲孩子學習這些技巧與發展這些能力的同時，他們強烈地意識到自己在某些場合中被賦予什麼樣的期待。

四、五歲孩子如何表現尊重與責任感

美國幼教學會是全美兒童教育者的最大專業機構，注重在改進八歲以前的兒童教育計畫。美國幼教學會發表了名為「出生到八歲兒童的幼年發展適當實行計畫」立場聲明，以及一本敘述這種訓練在教室如何發揮效用的教科書。

從三到五歲人際關係發展的觀點來看，美國幼教學會教科書指出，老師通常期望四歲孩子能夠開始進行真正讓步的團隊合作遊戲，更加懂得什麼樣的自律行為是被期待的，並且找出解決負面互動的辦法（儘管他們可能缺乏解決所有衝突的語言能力）。

就家庭期待的觀點，這通常意味著**四、五歲孩子能夠開始表現出尊重與責任感**。萊絲老師和她幼稚園小朋友的家長分享了這些期待：

- **四、五歲時，孩子已經發展出「成人談話」和「小孩談話」的形式。**五歲孩子彼此交談時，絕對有「童稚」的語調——較天真、帶點嘲笑，可能還有些愚蠢。同一個孩子跟成人說話時，可能使用較為謹慎或甚至害羞的語氣。
- **四、五歲的孩子知道不能對大人謾罵，通常也曉得嘲笑與開玩笑、粗魯或謾罵之間的差別。**知道對父母親或照顧他的人謾罵，是不當的行為。
- **四、五歲的孩子已經知道自己的行為應該合時合宜，尊重他人。**在教堂、餐廳、大型購物中心及圖書館需要表現某種行為；這個年齡的孩子也明白，他們的行為必須配合他們所處的地方。
- **四、五歲的孩子也可能亂發脾氣和有挫折感**——尤其是他們疲倦或緊張的時候——但是較少產生肢體攻擊行為。亂發脾氣時可能會吵鬧、大吼大叫，但是較少打人、咬人或吐口水。
- 這個年齡的孩子了解東西的所有權概念，而且明白在使用玩伴或學校的玩具或物品時，有不同的規矩。他可能會跟分享物品的人打架，但是不會跟物品的主人打架。

幼教老師教養技巧

在評估孩子的人際關係發展時要知道，這個過程不見得都是往前邁進的。你會樂見三歲孩子想要嘗試新事物，這種冒險精神將存在孩子心底。相對於某些社交技巧不斷發展，有些社交技巧卻可能退步。

當勇於冒險的三歲孩子成長到了五歲時，可能發覺這世界非常廣大，因而在人際往來方面，可能變得比較膽小。一個合作的五歲孩子原本是以爸媽為中心，但到了五歲半時卻以朋友和老師為主，因此可能變得愛爭辯。這些改變完全是正常也是可預料的。

要特別注意的是，這種表現出尊重和責任感的「能力」，不見得使你的孩子變成彬彬有禮或有責任感的人；換言之，四歲孩子知道在教堂裡應該表現出什麼行為，並不表示他在教堂裡永遠都會有合宜的行為！但是知道孩子擁有什麼能力是必備的第一步，接下來，幫助孩子聆聽、學習與合作，將在本書中詳加介紹。

父母親需要耐心嗎？

當然需要！如果沒有耐心，父母親該怎麼度過伴隨著幼兒而來的磨人時間、沒完沒了的要求以及生活上的難題？不過南西・瑋柏（Nancy Weber）可能會辯駁，耐心是稱職的父母親最不需要的幾件事之一。

瑋柏曾經擔任過老師，現在是美國知名演說家與教育顧問，她相信從事幼兒工作的人必須先了解孩子——不只是耐心地對待而已。換另一種說法：**如果你能了解孩子的成長發育，就可以過著挫折較少的日子，不必靠耐心來忍受孩子的行為。**

「如果現實生活無法符合你的期待，你就會變得沒有耐心。」她解釋道。「所以，

如果你的期待不切實際，你將會花很多時間考驗你的耐心。」

相反地，如果你了解孩子的成長發育，知道他沒辦法長時間安安靜靜地坐著，或從甲處走到乙處時，沿途中沒辦法不停下來檢查每隻螞蟻，你根本不需要付出多少耐心，因為你已經了解情況。

在孩子很難伺候的時候，父母當然需要多點耐性。（即使是瑋柏老師也有失去耐心的時候，她回憶幾年前女兒還小時不乖地打翻了一碗麥片粥，讓她氣得將女兒和幼小的兒子狠狠揍一頓，瑋柏老師直接從諒解、耐心推入憤怒之中。）但如何將「耐心」轉變成瑋柏老師說的「諒解」很重要，這能改變你的反應。誠如瑋柏老師所提醒的，**如果你依靠耐心度過你的生活，耐心終有耗盡的時候，但「諒解」將永遠與你長相左右。**

學分3 了解孩子腦部的成長，並引導發展

除了了解孩子成長發育的里程外，優秀的老師也要理解孩子腦部的成長，這樣才能引導學齡前的孩子如何學習布置教室環境，以及如何和學生互動。

有些研究仍然引導現今老師承襲早期俄羅斯心理學家列夫・維高斯基（Lev Vygotsky）的著作；維高斯基在一九二〇年代研究、詳述兒童的認知發展。然而，真正的頭腦功能研究是更新的領域，直到一九八〇年代，教育家們才開始積極將神經科學家的作品改寫成可以運用到課堂的教學工具。

儘管某些「腦部基礎學習」受到爭議，例如播放正確的音樂能幫助孩子更有效地學習數學嗎？但許多經過時間試驗，且廣為人們接受的關於孩子學習的認識，對父母有極大的幫助。

下面是一些對幼教老師有引導作用的基礎觀念：

- **孩子需要在有安全感的條件下學習**——這不只是身體上的安全（儘管人身安全是很基本的），還包括知道他們身在安全的環境下、受到別人照顧、有人在注意看著他們，這也表示知的安全：知道下一件事是什麼，以及了解他們受到什麼樣的期待。（套句美國幼教學會的聲明：兒童在他們覺得安全、受重視的社群中，生理需求達到滿足，心理上感到安全無虞時，發展與學習的效果最好。）學習本來就包含冒險，因此感覺到安全的孩子比較可能冒著這些危險。
- **腦部喜歡重複活動**。這就是為什麼這個年齡的孩子一再乞求聽同一個故事、重複唱同一首歌，或玩過最喜歡遊戲後，還會要求「再一次」的原因。「重複」是幫助幼兒學習與處理新資訊的關鍵。
- **大腦渴望新事物**。因此它需要挑戰與新奇的東西，這也是你那三歲孩子上星期原本喜歡的一本書，突然之間就被冷落在書架上，碰都不碰的緣故。當一項活動有趣又好玩時，孩子最可能去聆聽與學習，可是昨天覺得有趣的事情，到了今天可能就變得無聊了，一點點的驚喜有助於吸引孩子的注意。

- **透過視覺學習新事物**。幼兒藉由「**先觀看後進行**」來學習如何做新活動，他們沒辦法只透過聆聽指示就學會，他們需要實際練習或演練。
- **在安靜與活潑的動態時間達到平衡時，大腦的學習狀況最好**。例如：坐了一段時間或從事被動學習後，孩子需要起立、跑一跑、扭一扭、蹦蹦跳跳。運動可以刺激大腦。
- **大腦喜愛音樂和節奏**。孩子可以透過歌曲、吟誦來學習，這些活動有助於大腦發展與儲藏資訊。
- **透過感覺是促成幼兒大腦成長的好方法**。在活動或指示當中，包含更多感覺的成分，孩子愈可能學習得更好。觸覺對幼兒來說幫助非常大。
- **幼兒對於故事的記憶特別深刻**。相反地，對於不相關的東西則記憶有限。即使練習和使用記憶聯想的訣竅，也無法幫助他們記住隨意的清單。

了解兒童如何學習是構成最好的教師技巧的基礎，它說明了為什麼無聊的歌曲能夠鼓舞孩子；為什麼幼兒靜靜地坐著之後需要起來跑一跑；為什麼有時候我們期待孩子理應知道的技巧還需要練習。在談論教師技巧及修改成適合在家裡使用的訣竅方面，整本書都應用到有關了解兒童如何學習的知識。

給爸媽的指導原則

在我們檢視教師使用技巧時，很重要的事情是，你必須注意到孩子的發展階段，以及孩子如何學習，不過這可以作為你定期檢查的方法，幫助你了解孩子如何成長，並且在有疑問時作為參考依據。

在運用好老師每天使用的技巧，那些隱藏於他們祕訣當中的魔法時，有下面三大原則：

- **二至八歲的孩子需要知道下一件事情是什麼**。他們所從事的活動需要有清楚的開始和清楚的結束。
- **這個年紀的孩子需要清楚的指示，並將它分解成可以處理的步驟**。你所下的指示愈具體或愈多肢體動作，孩子愈能聽清楚並記住。

- **對二至八歲的孩子來說，樂趣是最重要的事情**。在這個年紀，喜歡遊戲的天性使他對於只要近似有趣的任何事，都樂於敞開胸懷接受（有時間限制的較理想）。

第二課

建立自己的教養風格

- 建立教養風格並找出合適的工具和技巧
- 學習並發展自己的教育哲學
- 製作屬於自己的教養白皮書

學分4 建立教養風格並找出合適的工具和技巧

我們已經知道，讓老師的技巧在家庭能發揮作用的關鍵之一，就是了解孩子的發展到什麼階段了——他已經準備到什麼程度？他會做什麼？他應該被賦予什麼期待。另一項關鍵是，知道並尊重你自己——身為父母，你想要的是什麼？什麼方法對你是有效的？什麼方法就是感覺不對勁？

老師在教室裡會建立自己的風格。甲老師使用起來效果不錯的法子，卻可能讓乙老師慘遭失敗。同樣一群學生會根據領導的老師不同，而有不同的反應，好老師甚至會在不同的班級運用不同的辦法——例如：有一班可能比較愛開玩笑，另一班較專心。

在家裡的情況也同樣如此，你應該在家裡建立自己的教養風格。沒有兩個好老師是相同的，因此也沒有放諸四海皆準的好父母模式。

如果你採用的類型不適合你——執行你並不認同的原則，或你覺得應該有清楚界線的地方出現轉圜的餘地——短期內或許可以看到某些改變，但是卻不太可能持續、信任、自信地應用這些變化。**重點在於尊重自己，以及什麼是對於身為父母的你很重要的地方——然後找出或採用適合的工具和技巧**（本書所提供的或其他的解決之道）。

在萊絲太太擔任老師時，有人告訴她，她在教室裡絕對不會是個有效率的老師，因為她的聲音太柔和了，大家都認為沒有一個學生會聽她的話。

萊絲老師沒有上過語音課程，也沒有每天晚上在家裡加緊練習提高嗓門，她仍然保持原來的自我，找出不需要提高聲音就能吸引學生注意的方法。今天，當學生告訴父母親：「萊絲老師不是個會大聲喊叫的老師」，她感到很驕傲。

學分5 學習並發展自己的教育哲學

在取得教學文憑前，準老師們必須寫下他們個人教育哲學。這些聲明將解釋他們對班上的所有目標——不是他們想要教的特定課程，而是他們想要成為哪種類型的老師。他們要定期審視這份聲明，日後求職面試時，也要拿出來分享。

萊絲老師的教育哲學是：「我相信並推動多元化教育，**孩子天生就有權利朝著智育、體育、群育、心靈、感情與文化等方面發展，而促進主動學習、批判性思考、從事健康冒險與終生學習這種環境，才能產生多元化教育。**」

肯德基州幼稚園老師派翠絲．麥克雷莉的教育哲學為：「我相信所有的孩子都能夠朝目標前進，而且將會**快樂地學習**。」

德克薩斯州老師琳達．迪米諾．杜菲的哲學則有不同的論調，她寫著：「教書是種兼具批評與挑戰的職業，如果得將好老師應該培養的特質用白紙黑字寫下來，應該包括：責任感、熱心、自信、包容、善於溝通、值得信賴、好奇心、有創意、無私與自尊心。然而，我覺得如果把所有這些特質放到篩網上搖晃，過濾出最重要的特質，將會發現**自信**、**自尊心與包容被留下來**。就我的觀念而言，這些特質逐漸**灌輸在孩子身上是我們所能送給他們的最終禮物**。

孩子需要透過方法來引導。我幫助我所教導的孩子重視內在的成功，不只是因為這樣可以幫助孩子從別人身上獲得益處。**學習可以是有樂趣的**，但有時候就是需要努力認真與決心才行。我們得**幫助他們了解**，如果能**從錯誤中學到教訓**，那麼失敗就是件好事情。

如果他們選擇不屈不撓，那種失敗會使得成功更有意義，幫助他們努力做得更好。包容幫助他們面對不完美的世界，這種不完美的世界會拋出難以預料的情況到他們的生活中。」

學分6 製作屬於自己的教養白皮書

花幾分鐘時間為自己做一份教養白皮書吧！首先，思考一下這些問題：你對孩子抱著什麼期望？你會怎麼描述身為父母的自己？你會如何評估自己是否成功？

用自己內心的話，把上面這些問題的答案寫下來，可以像杜菲老師一樣寫幾段文字，或是讓你的白皮書簡單扼要——只要一句話（就像麥克雷莉老師一樣）就足夠了，例如：「我想要**建立一個讓孩子感到安全與受到關愛的家**。我將**尊重孩子的能力與極限，期待獲得他們的尊敬**；我將以愛心指導孩子，訂立清楚的規矩。」或只是：「**我的家將會充滿愛與歡樂。**」

我自己在家裡思考這個問題時一直舉棋不定，直到有一天晚上把最小的女兒放到床上，在睡覺時間播放搖籃曲給她聽。這時有句歌詞深深吸引了我：「在那個地方很少聽到令人沮喪的話……」我明白這句話描繪出我想像中要給孩子生活的家。

藉著構思自己的教養哲學，你可能會在教養方面獲得新的自信。不需要有人來評估或認可你的白皮書，不過當你的妯娌告訴你她家裡面的規矩，你的朋友陳述使她的孩子行為合宜的制度，或你看見關於新的教養技巧，你只要冷靜地問自己：這適合我的教養哲學嗎？如果是的話可以考慮試試看，如果不是，就不要研究。

請記住，不必使用每個聽起來保證有效的技巧。多數老師每年至少都會參與一、兩個研討會，在那裡聽到不勝枚舉非常好、令人激賞的法子。想想看，如果老師一回到學校就去執行她所聽到的所有點子——重新布置教室、更改課程、購買新物品、重新規劃年級用書，將會變得一團混亂，她和學生們都將無所適從。沒有一個人在新環境會感覺安全，來自新挑戰的壓力將會影響到原本正面的事。

所以應樂於嘗試新事物，坦然以不同的方法做事情，但是要知道，**父母所使用的方法不應該對本身有巨幅改變；應該找出最適合你的工具與技巧，然後加以練習和使用，直到感覺舒適而且對你和孩子有效果為止。**如果某件事情沒有發揮效果，儘管加以調整或把它忘了。

筆記

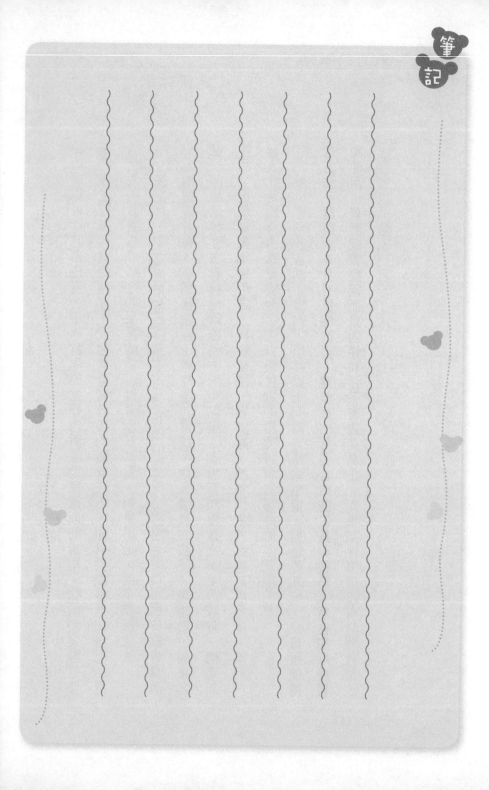

第三課

幫助孩子聽話及遵守指示

- ◆提供清楚一致的指示，有具體的肢體動作更好
- ◆一致、清楚的活動交替提示，有助孩子度過混亂
- ◆設計專屬的「聽我說」指示，以吸引孩子的注意
- ◆給孩子的指示要簡單、有趣、易了解且易達成
- ◆發揮幽默感，將出門、等待、上床變有趣
- ◆處理分離焦慮的良藥，就是給孩子足夠的信任感

學分7 提供清楚一致的指示，有具體的肢體動作更好

好的幼教老師絕對不會走到一群正在做美勞作品的孩子那兒，說：「把東西收拾乾淨，好嗎？午餐時間到了。」但許多父母都可能這麼做。

以前我也曾經對孩子下過類似這樣的指令，然後氣氛便開始往下沉。我那全神貫注做美勞的女兒想要完成作品，她答應我會整理，但是卻急急忙忙繼續做她手邊的事情，不然就是和我討價還價。我想到下一件需要做的事，擔心該怎麼完成那些工作，不免感到喪氣；或者我也跟著討價還價，多給女兒五分鐘時間，然後變成十分鐘。有時候我會放棄，開始自己清理。我心裡想：「一定得想個好辦法才行。」

謝天謝地，辦法終於出現了。

在檢視老師們用來讓學生聽話和遵守指示的技巧前，我們先快速複習一下，讓老師的技巧充分發揮效果的三個指導原則：

原則一 **二至八歲的孩子需要知道下一件事情是什麼**。他們所從事的活動需要有清楚的開始和清楚的結束。

原則二 **這個年紀的孩子需要簡單的指示、被分解成可以處理的步驟**。你所下的指示愈具體或愈多肢體動作，孩子愈能聽清楚並記住。

原則三 **讓事情變得好玩**。喜歡遊戲的天性使得孩子對於只要近似有趣的任何事情，都樂於敞開胸懷接受，但是有時間限制的較理想。

這些原則怎麼產生幫助的呢？老師如何使用這些原則，讓孩子乖乖聽他們所講的話，並且遵循指示？

好的幼教老師提供清楚而一致的提示，讓孩子知道一個活動什麼時候結束，另一個活動什麼時候開始。在給與孩子指示之前，他們會確認孩子已經注意到了。他們將指示分解成清楚而且做得到的步驟，**使用手勢和肢體提示來強調他們的意思**，例如：指著裝玩具的箱子。在適當情況下，**他們會使用有創意的技巧，讓每件工作都變得好玩**。

幼教老師的小叮嚀

如果你有一個以上的孩子

這些技巧可以使用於一個孩子、幾個孩子，或一大群孩子，但是必須和所有的孩子練習這些技巧，給每個孩子個別的關注，並且給與很多的讚美和正面鼓勵。

試著把這些技巧轉變成一種競賽或競爭——讚美每一個有進步的孩子，而非將每個孩子拿來比較一番。

學分 8 一致、清楚的活動交替提示，有助孩子度過混亂

生活當中最艱困的部分——你花很多心思想讓孩子乖乖聽你的話，並按照你的指示去做——這些時候可能和在幼稚園教室中課程交替及變換教室，或是你想要轉換活動的困難度相當。

思考一下生活中每件事情的交替過度期：要孩子穿上衣服準備出門，要孩子停下手上的事情好跟你去商店，要每個人到餐桌上，吶喊洗澡和睡覺時間。

從一個活動換成另一種的動作聽起來似乎很簡單，但這些變換時刻卻是孩子最可能從耍賴到哭哭啼啼及爆發脾氣的時刻，照顧孩子的大人也最可能產生焦慮和怒火。活動交替期間可能是你一天中最沮喪、疲憊或親子對峙的時刻。

為什麼會這樣？

沒有人會喜歡在享受某樣事情時中途被打斷，或是離開他們感覺很舒服的地方，去做他們非做不可的事情或去非去不可的地方。小孩子不太容易改變步調，他

們缺乏足夠的經驗知道如何去處理這些改變，當這些改變發生時，他們也沒有控制的能力，有時候甚至不了解為什麼會發生這些事情。

有些孩子在必須放棄他們玩得正開心的活動時會感到挫敗，有些則會生氣。有些孩子在必須改成做其他事情時會覺得恐懼，還有些會立刻產生前述所有的情緒，那都是很自然的卻很困難的過度時刻。

如果孩子還有下面這些情形，甚至會讓狀況更加棘手：

□感覺焦慮，因為他不知道下一件事情會是什麼？

□害怕，因為有人對他吼叫或催促他，或感覺爸媽是焦慮的或對他不滿。

□感覺失控，因為他還沒有準備好進行下一件事。

你的工作是減少這些壓力的來源，尊重孩子的自我，並給他繼續前進的工具。

我們要開始用一般原則來幫助你的孩子聽話——你如何**製造並使用一致的提示讓孩子專心**，以及如何給與清楚的指示——然後進一步**以老師的技巧，處理每天必須面對的某些特定過度時刻。**

學分9　設計專屬的「聽我說」指示，以吸引孩子的注意

首先要記住吸引孩子的注意，然後在下達指示時跟孩子說話。身為父母親，我們往往為了要孩子注意，而在他們玩耍或看電視時，在房子裡大聲呼叫孩子，甚至為了要完成自己的工作，而背對著孩子跟他們說話。

相反地，當孩子想要獲得我們的注意時，他們會抱著我們，爬到我們膝蓋上，不管我們在做什麼，他們總是喜歡夾在中間，他們認真專注地直視著我們的眼睛。（想想看當你在接聽電話，孩子想要獲取你的注意時。）

跟著孩子的引導走，在說話之前先用肢體來表示。**直接面對著孩子說話，確定彼此看著對方的眼睛，說話的時候碰觸他的肩膀，或握著他的手。**

製造出你固定使用「聽我說」的訊號會有幫助，如此可以給與一種結束活動的提示。這種訊號應該保持簡單但有足夠的特色，在下達進一步指示時，能產生停下

來、看著你的聯想，有些老師會把電燈關掉一會兒。你可以準備一個鈴鐺或風鈴，也可以只是用持續的口語提示：「**聽我說話的時間到了**。」

不管你選擇哪一種方式，如果先跟孩子說明並且加以練習，進行過程的效果將會更好，但應該在你們的心情都不錯，而且時間不緊迫的情況下練習。

被任命為二〇〇六年美國今日全美教師團的一員，並榮獲二〇〇三年肯德基州最佳教師的派翠絲．麥克雷莉，在滿屋子五歲學生都在聊天、玩耍時，她只溫和的說出一句話：「**可以注意我一下嗎？**」大家就會把頭轉向她。「但是我不能太過強調這點：這是我們在學年開始時，練習了不計其數的成果。」她解釋道。

記住，這是關乎孩子如何學習的事情，老師們要在教室練習像這樣的過程，直到變得自然為止，你同樣也需要在家裡練習。「當我搖鈴鐺時，表示我需要告訴你們，接下來我們將要做什麼事，不管你在做什麼都應該先放下來，然後看著我。現在我們就來試一試，看看要怎麼做。」

幼教老師的小叮嚀

吸引孩子注意的其他妙計

- 在鋼琴上彈幾個鍵
- 在吉他上隨意撥動幾條弦
- 吹笛子
- 關燈
- 關掉電視
- 搖鈴鐺
- 播放音樂盒（音樂盒也可以成為吸引孩子注意的視覺元素）
- 吹點泡泡

學分10 給孩子的指示要簡單、有趣、易了解且易達成

一旦你明顯得到孩子的注意，就是給與指示的時機。如果時間充裕，有些老師發現最好在開始時給與一連串有趣的指示（例如：摸摸腳趾頭、摸摸鼻子、摸摸肚子、看著我），進一步讓孩子進入專心聽講的心境中，或者只是讓他們在剛剛結束活動後，就移到新的地點。

在麥克雷莉老師的教室中，她最喜歡使用的技巧是，先讓孩子安靜坐下來，然後才給與指示，告訴他們：「讓我看看魔法會不會成功。」

「運用這種技巧時，我會遮住眼睛。」她解釋道（但是為了安全起見，她會小心地從指縫間偷瞄）：「然後從一數到三。數完三後，打開眼睛，全部的孩子都像『被施了魔法般』盤著腿坐在地毯上，他們喜歡用『魔法』來令我感動。」

在你給與指示時，記住，應該清楚而且能夠達成。確實說出你希望發生的事

情，並分解成幾個步驟，不要說：「把這些亂七八糟的東西收一收。」應該說：「把所有的車子放進這個箱子裡，然後把箱子放進你臥室的架子上。」

當你給與指示時，盡量不要提出問題。在麥克雷莉老師的教室裡，她常常注意到父母問孩子：「你現在要不要看書？」或「你現在想要做功課了嗎？」當你提出問題表示是在給孩子選擇的機會。

當你給孩子一項他必須完成的工作，應該使用陳述或命令：「我們準備要去商店，請穿上你的外套和鞋子。」會比「你可以穿上外套嗎？我們準備要去商店了。」來得清楚明確。

盡量不要在指示說明完時，在後面加上「好嗎？」這樣聽起來顯得你優柔寡斷，好像是在徵詢孩子的同意。指示說明完畢時，應該點頭或微笑做為已經說完的提示。這些提示可幫助孩子了解你所說的話是重要的，而且專心聽講也是重要的事情。

下指令時可能陷入的圈套

在我愉快地宣布打掃時間時落入了哪些陷阱？因為孩子並沒有聽我的話去打

幼教老師的小叮嚀

給與指示之前的專心小遊戲

- 一起玩歌唱遊戲——用非常安靜的聲音唱英文字母歌，或者唱快板的《小蜘蛛》（*Itsy Bitsy Spider*）。
- 一起做些伸展運動。坐在地板上將你的腿往外伸展，碰碰腳趾頭，往側邊靠。
- 玩回音遊戲，讓孩子重複你說的語詞，或你拍拍手，然後孩子必須跟著你的節拍拍手。
- 玩鏡子遊戲，孩子必須模仿你的動作。
- 拿出手電筒，讓孩子追著手電筒的光線從房子的一頭跑到另一個地方，然後你在那個地方安靜地告訴孩子事情。
- 只需要愉快地宣布：「過來坐在這兒，我要告訴你們下一件要做的事情。」—（按照你的指示從一個地方移到另一個地方，這個簡單的動作能夠幫助孩子的心境進入專心聽講的狀態。）
- 使用逗趣的聲音來傳達你的指示，例如：慢慢慢慢～～得像蝸牛的聲音，獅子的吼叫聲，小貓咪的喵喵叫聲。

掃，讓我的挫折感油然而生。如同我在前面提到的，由於是新手上路，在這個活動結束、新的事情正要開始時，我並沒有將它劃分清楚，讓我女兒知道稍後將可以完成她的工作。這對於幼兒來說意義非常重大——我們可能知道，當我們把工作停下來，可以再重新開始做，可是孩子的控制能力卻小多了。他們必須知道你尊重他們的工作，而且他們將有機會去完成。

「待會兒你可以回來做」這種訊號必須具體且可靠。「噢，晚點兒你可以完成。」這種說法是不夠的，因為孩子可能已經知道，所謂「晚點兒」通常就是不會到來。你需要一個單純、容易和可行的指令模式——那會使得這種過程變成自動自發。那就是萊絲老師「未完成」小袋子的妙用，以及其他暫且把工作擺在一旁的技巧。

在家裡，我宣布要打掃前也沒有確定女兒是否注意我說話，我當時應該告訴她：「**我需要看看妳的棕色眼珠。**」作為要她看著我的提示，或摸她的手臂以吸引她的注意。

此外，我**傳達指示時，還需要堅守清楚、能被了解這個原則**，對我而言打掃是很明顯的事：收拾顏料、撿起圖畫紙、清除亂七八糟的東西，可是對幼兒來說，打掃卻不是件那麼明顯的事情；當她正全心投入在創作某件事，突然之間看著四處一團凌亂，往往不知道應從何開始整理起，經常手足無措，因此你必須把打掃工作分成幾個可行的步驟，以簡單的指示來進行。（成人和小孩的認知差異很大。我女兒的學校有間供童子軍開會用的房間，有人在門上面掛了標示牌：「童子軍們，用完這個房間請打掃。」幸虧有人在下面寫上：「擦桌子、掃地。」）

將傳達的指示增加肢體元素可以讓他們較容易記憶，所以在「打掃」時，我可以舉起三根手指頭。「我們將要撿起顏料（碰一根手指），收拾紙張（碰第二根手指），擦桌子（碰第三根手指）。」或是在傳達指示時，把手放在我女兒的肩膀上，或比著（摸著）每一件我想要她完成的東西（先是顏料、然後是圖畫紙、接著是桌子）。

家裡活動的變換時刻

要妥善處理生活中活動變換的時刻，應該找到最適合你或最吸引你的技巧。請記住，某位老師使用起來效果非常好的技巧，如果不適合另一位老師及他的教導風格，在另一個教室就可能會失敗，在家裡也是同樣的道理。如果你唱起歌來五音不全，就不見得有效果。（當我用熟悉的曲調試著唱出指示，自己的孩子會掩起耳朵大叫道：「我不喜歡那首歌！」）

幼教老師的小叮嚀

利用定時器——建立孩子時間觀念——以及失靈的時候

當你想開始進行每天的工作，或想試試本書所提供的許多活動，可以準備一個定時器或設定時間限制。要知道一件很重要的事情，那就是這個技巧必須是有趣的，讓孩子明白打掃或其他的工作不會永遠持續下去。這並不表示你或孩子應該急急忙忙，或擔心定時器時間到了而製造更多的壓力。

讓孩子喜愛定時器，而不是受到定時器的威脅，是很重要的。設定一段可以讓孩子成功完成的時間，尤其是最初幾次使用定時器的時候，或者也可以用最喜歡的一首歌來取代。如果時間到了他還沒完成，也不要責罵孩子。

如果孩子企圖偷懶或忽視這項工作，因此定時器響起時，他的工作還沒完成，那麼就接受現在還不適合使用這個辦法的事實。

暫停活動時的錦囊妙計（二）——當孩子正在玩遊戲而你必須打斷他

用書籤標示

年齡：五～六歲

材料：長條卡紙或海報紙板、馬克筆、膠水、剪刀、穿孔機、毛線、亮片及其他裝飾品。

準備：和孩子一起將卡紙裝飾一番，用一條有流蘇的毛線，從卡紙一端的孔中穿過去，然後綁起來，製作成超大「書籤」。教導孩子書籤是怎麼放在書裡面的一個地方，這樣以後就可以再次從同一個地方找到書籤。

做法：當孩子正在玩遊戲，而你必須打斷他時，說：「我們把書籤放在這裡，直到我們回來。」讓孩子把書籤放在玩具、拼圖、勞作等東西的上端，等到適當時間到了，孩子就可以重新做他原先留下來的部分。

暫停活動時的錦囊妙計（二）

「晚點兒再做」的檔案夾

年齡：四～六歲

材料：美術文件夾或兩片海報紙板、膠帶、馬克筆、膠水、裝飾材料。

準備：和孩子一起在佈告紙板上裝飾孩子的名字、圖畫、貼紙或其他裝飾品；或者製作一個檔案袋，將廣告紙板兩個短邊和一個長邊用膠帶黏貼起來，做成一個郵袋形狀，再加以裝飾。

做法：如果孩子不得不放下手邊的事情，讓他把東西放進「晚點兒完成」的檔案袋。務必將檔案袋放在同一個地方，如此孩子便能容易地拿出檔案袋，而且一定要給孩子充足的時間回去做他還沒完成的事情。

暫停活動時的錦囊妙計（三）

出外吃午餐

年齡：三～五歲

材料：一片方形布告紙板、馬克筆、絲帶、穿孔機。

準備：將海報紙板裝飾一番，用穿孔機在最上端穿洞，然後用絲帶穿過洞、綁起來，製作出「出外吃午餐」的標誌。

做法：每當因為吃午餐或從事另一種活動使得孩子必須停止玩遊戲，要孩子把這個標誌掛在他的遊戲區附近，讓每件事都保持原狀，直到孩子回來。

其他變化：製做「晚點兒會回來」或「請勿打擾」的標誌。

給與指示的錦囊妙計（一）

傀儡玩偶

年齡：三～六歲

材料：襪子、膠水、釦子、會轉動的眼睛、毛氈或針織布塊、煙斗通條、馬克筆。

準備：和孩子一起把會轉動的眼睛貼在襪子閉合的一端，再用煙斗通條做成鬍鬚、毛氈布做耳朵，畫出一張嘴巴。

做法：讓玩偶爬出去，用安靜的聲音發出指示。

其他變化：從羊毛或針織手套剪下一根手指，在手套手指上畫出或貼上眼睛。在下面貼上毛氈布或用馬克筆增加彩色線條，做成身體，將它變身為毛毛蟲。

襪鼠玩偶

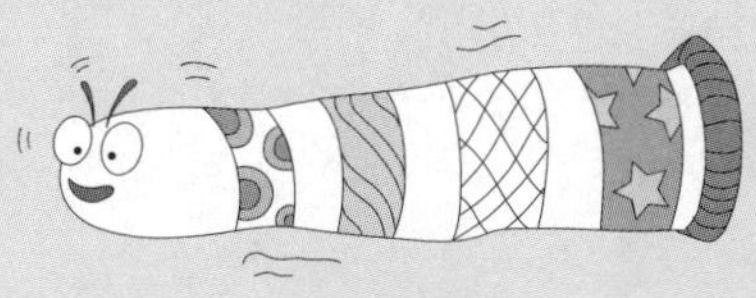

毛毛蟲玩偶

給與指示的錦囊妙計（二）

魔杖

年齡：三～五歲

材料：棒子或木桿（或用筷子、無法彎曲的稻草）、毛氈或質地堅硬的紙、絲帶或花環、紡織彩筆或亮粉、剪刀、膠水、熱熔膠槍或釘書機。

準備：將毛氈布或硬紙剪成星星或心形狀，再用顏料（用在硬紙上）或紡織彩筆（用在毛氈布）上色，如果喜歡的話也可以黏上絲帶或花環，或用熱熔膠槍或釘書機將花環貼在棒子或尺上。

做法：揮舞魔杖然後，宣布：「在我說XXX的時候，你應該……」然後給與指示。

本章所提出的技巧，都是將優秀老師的教室技巧加以改良的工具，你必須找出最好的方法以便在家中使用。這些建議可以經過創意改編——隨意嘗試、混合、搭配，以及增加自己的風格。

孩子一天的開始

早晨醒來準備開始進行一天的活動，可能是一天當中起伏最劇烈的時刻。如果你每天早上都得喚醒孩子，應該慎重思考你的方式。或許你可以考慮用輕輕按摩、摩擦他的肩膀或輕輕撫摸背部叫醒他，或是幫他打開窗簾，道聲早安，告訴他現在是幾點鐘，並說：「等你醒來的時候過來找我，告訴我一聲。」然後離開房間，讓他用自己的方式起來。

如果孩子在早上實在很難起床準備就緒，你的行程卻又非得很早出門不可，應該好好計畫一下。把孩子叫醒、離開家門前，確定要給孩子幾分鐘緩衝時間，讓他能「回神」過來。

在派翠絲·麥克雷莉的幼稚園教室裡，她每天早上在門口用擁抱和個人化的打招呼迎接每個小朋友。（在學年開始，她會讓每個小朋友選擇是要擊掌、揮手或擁抱作為早晨的招呼方式，今年每個小朋友都選擇擁抱。）誠如她說：「**我強烈感受到孩子在早上第一件需要的事情就是個別的互動**。當你走到某個地方，有人對你微笑招呼，你不覺得心情比較好嗎？」

要知道，在家裡每天早上當你第一次跟孩子打招呼時，你就建立了當天的風格。你可能會說：「我們得開動了！坐下來吃早餐吧。」也可能說：「快點兒，穿上衣服。」但是早晨增加簡單的固定作息，用真誠的笑容、擁抱以及一些慈愛的字眼作為迎接每天的開始，可以改變孩子整個生活過程。

下面是經過其他老師所改良，用在早上叫醒孩子的幾個建議；老師們都主張用清楚指示和帶有樂趣的感覺，做為他們處理課程變換時所帶來的不安：

- 如果有動物玩偶陪孩子睡覺，蹲在他的床邊，假裝成動物的聲音和他說話：

「現在是醒來的時間了。」，或是「用動物的腳爪輕輕碰他」。

• 搖一搖鈴鐺或播放音樂盒的音樂。
• 給與動感提示：輕輕摺疊蓋在他身上的一件或更多毯子，祝福他有個美好的早晨。
• 用令人心曠神怡（例如：薄荷或柑橘）的乳液塗抹在他手上。
• 用魔杖施展魔法點醒他的腳，然後他的腿，再來是他的背部、手臂、手，接下來是他的雙頰，然後是眼睛。在最後可以加上類似這樣的話：「當我敲打你的額頭，你就假裝是隻從百合花睡墊跳起來的青蛙。」

如果你的孩子醒來的時間夠早，或者你們早上的作息很輕鬆，你不必把他從床上叫起來，還是可以思考如何跟他打招呼，以迎接一天的開始。給他一個擁抱、輕輕摸他、展現真誠的笑容，以及說些類似你有多高興跟他一起展開一天的生活這樣的話。提醒你，要蹲下來和孩子一般高度，眼睛直視著對方，叫喚他的名字。

讓孩子知道穿衣服的時間

你應該建立清楚的穿衣，與準備動作的作息時間。如同我們在第五章將會看到，好老師依賴固定作息，使他們順利度過學校生活，而穩固的作息在家裡同樣有很大的好處。或許你和孩子可以在前一天晚上先挑好隔天要穿的衣服，並且把衣服掛在床腳。請記住，如果孩子的年紀是五、六歲，在穿衣服方面應該交給他更多的責任，不要淪為權力的爭奪戰。**你應當考慮建立一個明確的時間表，讓孩子知道他開始穿衣服到穿好衣服的時間有多長，也可以用音樂盒的音樂，或唱歌來提示時間。**

如果孩子還太小，沒辦法自己穿衣服，你還是可以參與他穿衣服的過程，鼓勵他獨立。老師會用好玩、有想像力的遊戲幫助孩子處理類似這些過度期。你可以用圖畫方式做一張孩子在早上所需要的衣服的「購物清單」（自己動手畫或從雜誌、目錄剪下來），每天晚上放在孩子房間的玩具購物車或籃子裡，在他醒來的時候就可以「選購」他想要穿的衣服，然後把選單拿出來交給你。

如果你有巨大的填充動物，但不知道該拿來做什麼用，可以把它當作是「穿衣夥伴」。孩子可以挑選出他當天想穿的衣服，然後把衣服放在填充動物上（從頭到腳）。你檢查孩子所挑選的衣服後，協助孩子穿上衣服。或者也可以在前一天晚上擺兩套衣服，在填充動物兩側各擺一套，讓孩子選出他想穿的一套。

運用早餐時間做日程溝通

多數好的學齡前和幼稚園老師，會用晨間會議的儀式來開始他們一天的正式教室課程。**這段時間主要是用來介紹當天的情況，提出一些需要思考的事情，以及解釋當天的任何問題。**通常老師會用日程表，讓孩子知道今天是星期幾、有什麼計畫，然後給班上學生有關那天的訊息，並且要求學生們投入。

在家裡，你也可以利用早餐時間舉行簡單的晨間會議，說明並討論當天所計畫的活動。你可以參考學校的日程表，如果學校那天舉行校外教學，或者你有特殊的外出計畫，都可以提出來。你可以提醒孩子，當你回家後打算煮什麼晚餐，會議將要結束時，一定要問孩子對於那天是否還有任何問題。

學分11 發揮幽默感，將出門、等待、上床變有趣

首先思考一下，是否有什們問題使你無法以輕鬆或生氣勃勃的方式出門。你的計畫表是否有安排足夠的時間，讓孩子穿衣服、吃早餐，以及準備按時出門？（我們將在第五章討論更多有關計畫表的問題）。孩子離開你，前往幼稚園或學校時是否會感到焦慮、難過嗎？

在我家，我們不必為了起床和準備動作的事傷腦筋，但是卻從來也沒準時出門過。在最近這個學年，我女兒念二年級，另外家裡還有個四歲兒子及兩歲女兒和我住在一起，我們往往無法從容不迫地準時上車去學校，老是慌慌張張穿了鞋子、外套就往外衝，只差一、兩分鐘時間就遲到。

那時候我正在研究這本書，於是想到了學校鐘聲——當學校鐘聲響起，孩子們便非常神奇地停下手邊的任何事情，排列整齊地進教室（或走出教室），但願自己客廳裡也有這樣的學校鐘聲，讓孩子聽到鐘聲就自動出門。後來我明白這種做法太

複雜了，我們有很多的電子鬧鐘，所以我把其中一個拿到客廳，將鬧鐘設定為兩分鐘，在鈴聲響完之前，我們必須進入車子。做了幾次練習之後，孩子便知道當鬧鈴聲響起，每個人都必須穿上鞋子走到門外。

為什麼這樣做有效果？因為我了解而且**模仿了學校鐘聲的魔法**。學校鐘聲有個非常明顯的目的，它只有唯一一項工作，而且值得信賴、具有意義。**這項工具有個額外的好處**：我女兒在早上變得比較不會那麼焦慮，因為知道當她抵達學校時，**再也不用像從前一樣，聽到學校鐘聲響起時急急忙忙進入教室**。

如果造成你出門的困擾和行程表無關，主要問題在孩子對於學校或幼稚園感到焦慮，你仍然應該考慮到每天離開家門的作息是否有帶來壓力。（本章最後，我們將處理當孩子要被留在學校時，產生的分離焦慮。）在即將出門前，你和孩子是否有片刻安靜的時光？他是否有足夠的時間，完全達成必須做的事？如果沒有，那麼你就應該調整早上的時間表。如果作息時間表已經沒辦法更動，下面有幾個辦法可以減輕「出門」的焦慮：

- **發揮幽默感**。說些類似這樣的話：「當我們到家時，要記得走路像大象一樣。」或者看著外面美麗的夏日景色說：「不要忘了穿上你的雪褲，外面有暴風雪呢！」讓孩子好玩地指正你的錯誤。
- **讓出門變成有趣的事**。幼稚園老師可能讓學生一天偽裝成小鳥，飛出門外，另一天則像貓咪一樣悄悄地出去。你們可以：像馬一樣快步走過，像青蛙一樣蹦蹦跳跳，像鴨子般搖搖擺擺地走。如果你的孩子喜歡交通工具，你們可以像在開卡車一般，或像火車般嘎嘎作響、像噴射機一樣快速上升。愛好大自然的人可以像騰雲駕霧一樣滑出去、像秋風掃落葉般旋轉。你也可以展現有趣的肢體挑戰：像剪刀般移動、以單腳跳，或假裝雙腳被黏起來般。如果你有舊的骷髏鑰匙，可以假裝用這隻鑰匙把孩子像玩具般搖轉，讓他像玩具士兵一般踢正步出門。

減緩早晨焦慮的錦囊妙計（二）

蛋囊乾坤

年齡：四～六歲

材料：塑膠蛋、小片紙條、馬克筆

準備：在紙條上寫下有趣的活動點子，在你下班回家或孩子課業都做完了，可以從事這些活動。你也可以畫出活動的小圖。建議活動包括這些：

- 「晚餐前我們將要看電視。」
- 「回到家之後，我們將在沙發上看你最喜歡的故事書。」
- 「我們將要做香蕉麵包。」
- 「我們將分享從麵包店買來的蛋糕。」
- 「晚餐後，我們將到附近街上走走。」

做法：將上面寫著有趣的活動的紙條放進塑膠蛋，每天晚上將新的塑膠蛋留在孩子的汽車安全椅或外套口袋中，到了早上他會很期待地離開家門，去發掘晚點兒你們將要做的好玩活動。

減緩早晨焦慮的錦囊妙計（二）

石頭公園

年齡：三~五歲

材料：十五至二十顆顏色、形狀和大小特別的石頭。

準備：在花園、草皮或花床清理一小塊作為石頭公園，確定這個地方是你每天走到你的車子、公車站牌或人行道必經的地方。

做法：每天早上當孩子準備離開家門，給他一顆小石頭，在你們走路經過花園時，讓孩子把石頭放進去。幾個星期之後觀察花園的成長情形，偶爾可以幫孩子拍張在花園邊的照片。

其他變化：做一本貼紙簿放在孩子的汽車安全椅或門旁邊，每天早上當孩子準備要出門，給他一張貼紙貼在貼紙簿上，等貼紙簿貼滿了，計畫一個有趣的活動。

在特殊場合或壓力較沉重的那週，在前往停車處或人行道的沿途鋪上花瓣，並放一包種籽，好讓你們可以隨處或週末一起播種。

減緩早晨焦慮的錦囊妙計（三）

寵物計畫

年齡：四～六歲

材料：紙、馬克筆、家庭寵物的照片

準備：和孩子製作一張和寵物道別的清單。在一張有圖片的紙上寫下這些話，然後放上寵物的照片。這張清單可以寫上類似這樣的事情：

1. 給貓咪東西吃。
2. 輕輕摸一下貓咪表示告別。
3. 給貓咪一件寵物專用毯子或枕頭。
4. 幫貓咪打開收音機或電燈。
5. 提醒貓咪你們回家的事。（「我們四點半會回到家。」）

做法：每天早上離開家門之前，讓孩子看一下這張清單，把他已完成的事項打個勾。

中斷孩子遊戲的補救方法

當你需要打斷孩子的遊戲時應該記住，遊戲對他是很重要的，第八章我們將深入討論這個問題，但是現在要了解的是，當我們想：「他不過是在遊戲罷了，永遠都可以回頭做現在做的事。」實際情況是，**孩子沉浸在遊戲中，就像大人沉浸在工作中一樣，兩者都有其重要性和意義。**遊戲具有階段性和層級，**遊戲被打斷就好比睡眠受到干擾一般。**

在萊絲老師的教室，如果她必須打斷孩子的遊戲，她會承認這是干擾，並且將遊戲結合在其中，例如：她可能要求孩子「開著你的車子到停車場（桌子）」去做新的活動。在兒童遊戲館裡，她會要求孩子把他們的寶寶帶去她的托兒所，當爸爸或媽媽（學生假扮）和她工作時，她可以看顧放在嬰兒床或高腳椅的寶寶。

在家裡，你可以要求孩子開著玩具汽車停到走廊的「停車場」，然後去清理她的臥室地板；或者當孩子穿衣服或刷牙時，你可以搖著她放在嬰兒車的洋娃娃，然後吃早餐時，允許她和洋娃娃一起坐在餐桌旁。

在跑腿和等候的枯燥時間增加樂趣

日常生活中的一些雜事，如去雜貨店、在郵局停留一下、帶寵物做每年例行性的檢查，對小孩子而言都是挑戰。下面是幾個幫助這些事情進行得更順利的方法：

- 如果你即將出門辦些雜事，偶爾給孩子一、兩項東西，做為要前往的目的地的線索，如果要去郵局，就給一張已經蓋過郵戳的郵票，如果是去寵物店或獸醫那兒，就給他一顆狗飼料，或去商店時給他優惠券，讓孩子猜一猜你們要去哪裡。
- 了解孩子就是沒辦法乖乖等候這個事實。等候的時間愈久，孩子愈可能開始不安分或做出不好的行為，所以**可以考慮這段時間找個讓孩子有事做又覺得有趣的點子**。**儘管準備小玩具或活動是最好的辦法**（即使只是顆小石頭，玩「猜猜看石頭在哪隻手裡」的遊戲也很有趣），你也可以只是練習注意小細節即可，或許也可以檢查牆壁上的污點、人行道的一段區域、樹上的某個部分——平常你根本不會仔細看的小地方——輪流描述觀察到的事物。

在打掃時間苦中作樂

在打掃時間，盡量保持好玩的氣氛。下指示前不要忘了養成彼此看著對方眼睛的習慣。你可以輕輕碰一下孩子的肩膀來引導他。製造並使用打掃的訊號：搖鈴或使用三角鐵、笛子，或在鋼琴上彈奏幾個音符。

下面是教室裡頭使打掃時間進行得更順暢的其他辦法：

- **提供有趣的工具**——例如：用沙拉蔬菜夾拾起地上大的物品，用鑷子夾起較小的東西，或把每樣東西都放進玩具傾卸車，然後把傾卸車開到其他房間把東西放下。也可以用膠帶把孩子的手指纏繞一圈，有黏性的在外面一邊，這樣他就可以用膠帶拾起小片的垃圾，或是用除毛刷來做這項工作。甚至可以增加吸塵器的噪音聲。

- **讓孩子擁有他自己的清潔工具袋**，裡面放著羽毛撣子或噴嘴瓶子、紙巾，讓孩子自己裝飾清潔工具袋。
- 如果你們的打掃時間很輕鬆，不至於匆匆忙忙，那麼**可以玩假扮遊戲**——你認為老鼠家族會怎麼打掃牠們的鼠洞？鳥家族會怎麼清掃牠們的窩？熊家族又是怎麼打掃他們的洞穴？（假扮遊戲的用意是準備做些搞笑逗趣的事情，如果你想快點打掃完畢，就不要嘗試這個方法。）
- 當準備做些不那麼有趣的事情時，**宣布下一件你們將要做的有趣的事**。「等我們收拾好玩具之後，我們要到外面去檢查信箱。」或強調即將來臨的正面的事情。「我們會有更多到外面玩耍的時間，因為我們把收拾東西這件事做得又快又好。」

處理就寢時間

晚上上床睡覺和早上起床一樣，都是劇烈、艱困的時段，**幫助就寢過程進行得順利關鍵在於，接近上床時間建立一套放鬆的固定作息，每天晚上切實遵守。**托兒所和幼稚園老師有時候在午睡時間會使用放鬆的技巧，讓不情願睡覺的人準備入睡，他們建立一套日常的固定作息，好讓孩子在午睡時間之前能夠放鬆下來，通常是把燈光調暗、放些音樂，暗示休息時間到了。

在家裡若要幫助孩子慢慢進入就寢時間，可以制定類似下面這些有趣、輕鬆的習慣：

- 睡覺之前在孩子身上撒一些「睡魔塵粉」或嬰兒爽身粉。
- 輕輕在孩子的手和腿上擦些「舒眠霜」或身體乳液，並輕輕按摩。
- 練習肌肉放鬆技巧，想像你在運動。（詳細內容請參見第七章。）

一旦孩子鑽進被窩，你可以：

- 輕輕撫摩背部、臉或頭。
- 放點輕柔的音樂。
- 低聲說出鼓勵的字眼或特別的訊息。

幼教老師的小叮嚀

蘇西·海絲·凱恩（Susie Haas-Kane）在她加州幼稚園的教室，打掃時間她會使用音樂盒。這個點子是要讓孩子聽音樂的時候能夠安靜、迅速地打掃，如果打掃完畢之後音樂還在播放，每個人都可以得到小點心。

對於家裡的打掃時間想要使用音樂盒的父母親，她提醒訣竅在於，每天早上在音樂結束時要對孩子表現出大驚小怪，並且保持「新鮮」的感覺。如此孩子不僅對於這個點子感到興奮，在你拿出音樂盒宣布打掃時間到了時，孩子更清楚應該做什麼。

打掃的錦囊妙計（一）

清潔糾察隊

年齡：三~五歲

材料：放大鏡、白手套、記事本、鉛筆

準備：跟孩子解釋「清潔糾察隊」要檢查玩具是否收拾好、地板是否掃乾淨等，如此在孩子清掃時可以建立興奮感和期待感。

做法：身為清潔糾察隊，孩子應該使用他的放大鏡或戴上白手套，檢查清潔工作！找找看所有做得很好的事情，他可以在記事本上畫個笑臉，留那張紙在掃得很乾淨的區域。他應該留意任何需要更加注意清潔的地方。

其他變化：父母親可以使用玩偶當作清潔糾察隊。

打掃的錦囊妙計（二）

皇后的規則

年齡：三～五歲

材料：無

準備：無

做法：打開臥室或衣櫥的門，如同尊貴的皇后或國王般走出來，只需要以尊貴的口吻指定工作——擦桌子、撿起紙張、收好玩具車等，以尊貴的聲音提出批評和讚美。當打掃工作完成了，你可以使用尊貴的聲音讓幫忙打掃的人受封為騎士、王子和公主。

其他變化：使用玩具電話假裝「麥太太」剛剛打電話來說她的孩子已經把亂七八糟的東西都整理乾淨了，激勵孩子跟麥太太比賽。等孩子打掃完畢，回電話給麥太太，說孩子的打掃工作做得又快又好。

打掃的錦囊妙計（三）

門票給你

年齡：四～六歲

材料：鉛筆、紙條

準備：在小紙條上面寫下你想要讓孩子完成的家事，每張紙條上畫一個小圖。

做法：把紙條交給孩子，然後一起看這些紙條，說明每張紙條的工作或任務。當孩子完成一項工作，可以給你符合工作的紙條，等所有的紙條都交到你手上，孩子就可以得到一張去遊樂場玩、撫摩背部或特別的遊戲時間的「門票」。

打掃的錦囊妙計（四）

唱首清潔歌

年齡：三～五歲

材料：不用

準備：不用

做法：給打掃時間添加一點生氣，在你們打掃房間或區域時唱首歌試試看。下面有兩項個建議：

以英文歌謠《我帶著大黃蜂寶寶回家》（I'm Bringing Home a Baby Bumblebee）**為曲調**

我們正在打掃客廳1—2—3

收拾起看見的所有玩具

我們正在打掃客廳嘿咻嘿！

非常整齊又乾淨！
（臥室掃一掃，衣服收一收；院子掃一掃，把球收一收……等）

以英文歌謠《公車輪》（**Wheels on the Bus**）**為曲調**

地板上的積木放進箱子裡
放進箱子裡
放進箱子裡
地板上的積木放進箱子裡
每次打掃都放好！
（洋娃娃放進小床鋪，書本放進架子裡，蠟筆放進盒子裡，遊戲黏土放進罐子裡……等）

學分12 處理分離焦慮的良藥，就是給孩子足夠的信任感

如果孩子在學校或托兒所和你難分難捨，應該尊重他的感覺，但是不要和他們依依不捨，**應該要相信孩子有能力面對分離。孩子很快就會了解父母的掛慮，所以要表現出積極的一面。**

本章稍早曾提到的幼稚園老師海絲・凱恩太太曾入選為美國教師榮譽榜（National Teachers Hall of Fame），也是一九九九年加州年度最佳教師、二〇〇〇年迪士尼教師獎得主，同時也是國家認可的讀寫能力顧問，她表示，在幼稚園或托兒所和父母分開會哭泣的孩子，通常有兩種類型，兩種孩子的情緒處理方式應該稍微有點不同。

「第一種類型的孩子是不喜歡待在那兒，所以他們會掉眼淚、會哭，但他們是憤怒的。」海絲老師解釋道。在某種程度上，那種孩子會慢慢融入班級裡，身為老

師你可以這樣說：「唉呀！我真的以蘇西為榮。」

「另一種類型的孩子是真正感到害怕，這種孩子需要非常溫和的對待。身為老師可以讓孩子坐在你的膝蓋上，或許可以像是抱著班上的吉祥物般。」

「第一種孩子的父母必須告訴小孩，這是他的工作，他需要到學校來。他並非真的害怕，只是不想到那兒罷了，你很容易就可以分辨其中的不同，一個在抽噎的孩子和一個臉上似乎在說『我不要去那裡！』的孩子之間是有所差異的。」

「但是這兩種孩子的父母都需要堅定的態度。對於抗拒的孩子，父母親不應該給與太多的摟抱，因為孩子只是在玩弄他的眼淚。父母親應該表現出非常堅定的態度：『你沒有理由哭泣，在這裡很安全，還有老師跟你在一起。』」

對於那些和你難分難捨的孩子，下面提供幾個建議：

- 把孩子留在別的地方前，道別時，試著說出包含當天的過去、現在和未來的事情：「今天早上我和你吃早餐時很開心，我知道你在學校會表現得很棒。等下課我來接你回家時，你可以把所有事情都告訴我，然後我們一起摺紙飛機。」

- 道別時應該包含簡短的肢體元素，如親吻、摸摸肩膀、擊掌等，也可以自創獨樹一格的握手方式，用在道別時間，例如：輕輕拍、猛然的或背後的動作。
- 幫助孩子建立家庭和學校之間的橋樑，可以在孩子背包的拉鍊繫上附有你們家人或寵物照片的鑰匙圈，或在他的口袋、櫃子裡塞張全家福的護貝照片。

海絲老師第一次見到幼稚園新生和他們的爸媽時，會介紹他們稱為「親手」的道別習慣，這是她參考奧德雷·佩恩（Audrey Penn）所寫的《魔法親親》（The Kissing Hand）而來的。爸媽親親孩子的手心，然後告訴孩子，如果覺得孤單，可以將手搗著胸口或臉頰，感覺父母親的愛。

儘管海絲老師拿到這本書，並且開始在班級裡使用時，她的兩個兒子已經分別是十歲和七歲，偶爾當他們在道別時，顯得寂寞和焦慮，她還是會使用「親手」這個技巧在兒子身上。

後來她的大兒子布萊恩，離家念大學的日子到了。

「他的行李全都打包好了，車子裡裝得滿滿的，他坐在前座說聲再見。」海絲老師回憶道。「我在停車場裡，淚水從我的臉頰滾滾而下，一則以喜一則以憂。」然後當布萊恩開動車子，卻又停了下來，跑回母親身邊。他握著媽媽的手，撥開她的手指，親吻了她的手心。

「他告訴我，我將永遠停留在他身邊。」海絲老師說道。「我永遠都不會忘記那一天。」

道別儀式不見得一直都是萬靈丹，特別是在你要離開時，孩子仍然哭個不停或黏著你不放，但是**道別儀式有其意義，而且是很重要的，儘管它們發揮的效果並非立竿見影，但這種道別的儀式，可以減輕孩子的焦慮感。**

筆記

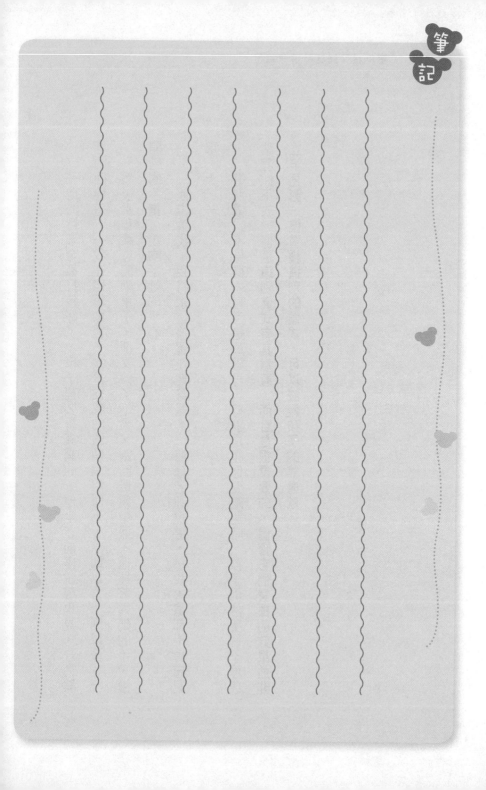

第四課

打造一個適合孩子居住的家

- 汲取教室布置的優點，打造一個可玩耍及探索的家
- 營造孩子樂於親近的家，讓他盡情揮灑多元創意
- 運用「整理制度」，使孩子擁有自主性的清潔及責任感
- 打造孩子專屬的有趣天地，有助他感受自我成長
- 教導孩子尊重個人隱私，並學習妥善照顧自己的物品

學分13

汲取教室布置的優點，打造一個可玩耍及探索的家

在我女兒的幼稚園教室裡，看著令人愉悅的布置和整齊清潔的環境，其中簡單的感覺最令我震撼。在這裡是玩積木的地方；那裡是遊戲廚房；這邊是舒適的閱讀區。它傳達著一種「一個什麼東西都有的地方，而且每樣東西都各有其位置」的感覺，不過並非那種令人窒息，或一絲不苟的方式，而只是感覺舒服、振奮人心。

雖說我當然不想讓自己家裡看起來像個幼稚園教室一般，卻真的希望有同樣的安全、愉悅的感覺。望著海絲老師的教室四周，我了解到她每天發揮魔法的祕訣之一，其實就在於環境的設計。她的教室看起來祥和有秩序，足以給與她的學生安全感，而這正是幼小孩子非常需要的，可是整齊的程度又不至於完美到讓孩子從架子上拿走一個玩具或用積木堆成塔時，感到拘謹，不好意思。

你的家當然和托兒所或幼稚園教室差別很大，幼稚園教室的布置幾乎完全以小

孩子的舒適與需要為考量，但是家裡的擺設卻得顧及生活在這個屋簷下的每個人的需求；教室永遠是被幼稚園學生使用，可是你自己的孩子在幼年時期很快會長大；教室只是學習和遊戲的地方，家裡卻必須提供所有其他不同的功能。

然而，按照幼稚園老師所使用的某些基本概念進行，你的家裡卻可以像間好的教室般呈現出最重要的方面：每個人進入「好」的教室，馬上感覺是受歡迎和著迷的，好的教室使你想要待在裡面，使你感覺舒服，儘管你還是會感到有些挑戰性和刺激的，其實你的家也可以如此這樣規劃，不管是住在裡面的大人或小孩。

好的幼稚園老師會規劃好他們的教室，因此他們的學生穿梭在教室時，不需要老師不停的介入和引導就能夠學習與探索，**環境本身即提供了孩子工作與遊戲的功能，使他們得以成長和探險。**

這個觀念可以轉移到家裡，你可以創造出這樣的家庭環境，使孩子在家裡能夠玩耍和探索，不需要你時時刻刻引導他的活動或指正他。要讓家裡具有玩耍和探索的功能，除了布置你的家（如同我們在本章所討論的）之外，還得規劃你的時間及制定一套好的基本原則（參見第五章和第六章），和好老師為他的教室所做的事相差無幾。

你不需要把家裡布置得「完美無缺」，也不需要刻意巧妙安排，而且不應該完全根據孩子的需求來設計，更不需要滿屋子的昂貴配備，你的目標只是讓家裡每個人對於家裡感到平和、容易接受及舒服。我們將檢視幼稚園老師在布置教室所顧慮到的一些元素，並且告訴你，將它們加以調整以適合家裡使用的方法。

幼教老師的小叮嚀

如果你有一個以上的孩子

你應該尊重每個孩子的喜好和個性，即使你的空間有限，每個孩子也應該有某處可以讓他們感到舒適、表達自己個性的小地方。每個孩子應該有自己貯藏物品的空間，幫助他們從小開始培養整理東西的習慣。

學分14 營造孩子樂於親近的家，讓他盡情揮灑多元創意

肯德基州老師派翠絲・麥克雷莉注意到，當大人踏進她的教室通常會說：「要是我能重新回到幼稚園，在這樣的教室上課該有多好。」

教室裡到處都使用原色（紅、黃、藍），儘管是以深藍為主要顏色。在教室中央，學生們坐在橢圓形的地毯上，前面放著一個白色柳條編織成的搖椅，教室四周還擺設著舒服的兒童椅，甚至還有一張孩童尺碼的活動躺椅。

「我相信不管是在學校或家裡，孩子都需要很多種座椅。」麥克雷莉老師解釋道。

學生作業用彩色衣夾從天花板上垂懸而下，上面寫著學生的名字，每個學生隨時都有公開展示出來的作業。教室裡包括家庭客廳區（那裡有很多漂亮的衣服、廚房用具、嬰兒床和洋娃娃、工具、玩具收銀機、電話等，還有很多東西），旁邊是

個長長的書架，放著許多根據作者和興趣分類的書籍。還有一個寫字中心，以及裝有輪子的藝術中心，可以移到任何桌子上。牆壁上突出一個巨大的架子，分成兩個區域，一個主要放數學材料，另一個則是拼圖和遊戲。

「教室裡的每件東西都要讓孩子喜歡親近。」麥克雷莉老師說道。

尋找家裡的自然空間

在評估家裡的自然空間時，應該考量幾個最重要的問題：

□是否規劃出供孩子玩耍的區域？理想上，應該至少有一個公開的區域供孩子玩積木或其他「創造性」玩具，以及一、兩個較小的空間供想像力遊戲或安靜活動用。

□每個區域都有自己的用途嗎？即使你已經有個小的活動區域，在某方面也應該依功能區分：這裡是我們準備食物和進餐的地方，這裡是我們睡覺的地方，這裡是我們全家在一起聊天的地方；儘管依功能區分的空間會重疊，還是應該這樣做。

□是否給每個小孩自主的空間？這種空間可以是臥室，或臥室的一部分，甚至在客廳裡的地方，也應該區分一個可以讓孩子放鬆，並感覺是在屬於自己的地方。

你也應該思考一下，是否給孩子友善的或足以接受的空間，使孩子能夠輕易參與家庭生活的日常事務。在教室裡，從洗手槽到椅子等每樣東西都是兒童尺寸，在家裡這樣做就行不通了，不過卻可以做些小小的改變，使得孩子能在家裡輕易使用各種器具。例如，你可以這樣做：

- **在客廳和臥室裡：**
- 在門廳的壁櫥上安裝大號的雙鈎（像是用在教室櫥櫃的那種），讓孩子可以輕易掛上他的夾克和書包。
- 在每個鈎子下面的地板上放籃子或箱子，用來裝帽子、手套，讓每個人的東西可分開置放。（如果空間不夠，利用有拉繩或拉鍊的網線袋用來貯藏和掛小的外套也很實用。）
- 使用較低的壁櫥桿子，方便讓孩子在他的壁櫥裡掛上及選擇自己的衣服。

- 在臥室門的背後安裝鈎子，供孩子掛上衣服或睡衣。
- 把玩具收藏在較低的架子上，或放在孩子自己拿得到的地方。
- 提供許多小格置物盒給孩子貯藏東西。

• 在廚房裡你可以：

- 放一張小凳子，讓孩子可以幫忙在水槽洗碗盤，或在流理台攪拌東西。
- 在較低的櫥櫃放打不破的餐具，這樣孩子就能獨自幫忙家人擺餐具。
- 允許孩子去較低的櫥櫃，拿木製湯匙和塑膠碗幫忙攪拌。
- 在清潔櫃裡放一組兒童尺寸的掃把。

• 在浴室裡：

- 擺張凳子有助於孩子能夠舒適地使用馬桶和洗手台。
- 櫥櫃或較低的毛巾桿較容易放置毛巾或浴巾。
- 家具設備降到孩子的高度，看看效果怎麼樣——孩子是否搆得到鈎子，能自己掛衣服？他能從自己衣櫥裡的桿子上拿下衣服嗎？不需要爬到架子上就能自己拿玩具嗎？

學分15 運用「整理制度」，使孩子擁有自主性的清潔及責任感

能夠製造平靜、整齊有序的環境的，其實就是「物品」本身。物品似乎總是會伴隨著孩子的成長而呈倍數增加，因此要讓東西一直保持整齊有序，有時候似乎是不可能的任務。

在檢視孩子的物品及它們是否整齊歸位，應該考慮幾個重要問題：

- 收拾東西的時間到了時，是否有地方可放每樣東西？這可能是和小孩一起整理東西的重點，如果某個東西沒有家，那麼就做個家給它，否則孩子怎麼可能把東西收拾好並保持整齊。
- 我的孩子使用的大部分物品，都是每天需要用到的嗎？孩子應該有能力自己選擇他想要玩的東西，不玩的時候應該收起來。（個人的護理用品，例如：孩子的牙刷、毛巾、枕頭等諸如此類的東西也是如此。）

•可供孩子選擇的遊戲用品是太多還是太少？太多選擇對於想要找個東西玩耍的孩子而言，會令他感到氣餒，選項太少卻又令孩子覺得無聊乏味。如果孩子的玩具太多，可以考慮建立「輪班」的制度，按照固定的時間表，把某些玩具收起來，其他的拿出來玩。

整理物品的教室技巧

萊絲老師使用幾種整理玩具的制度，控制教室裡亂七八糟的東西，其中包括讓每個學生擁有幾個私人的貯藏區。在走廊，有孩子專屬的個人櫃子，可以存放他們的外套、背包、點心和午餐；在教室裡，每個孩子有一個放日常用品（鉛筆、蠟筆、剪刀）的盒子。每張椅子上都掛著一個小塑膠背包，讓孩子可以放水壺、衛生紙和其他個人的護理用品。

孩子們都明白，每個私人用品區都固定放著特定的東西，而且他們也了解，每天把物品放回正確的位置，這樣很容易就可以找到東西，很少會遺失，而且還能保持原狀——不會因為東西亂放，容易被打破或損壞。

在琳達．迪米諾．杜菲老師德州的教室裡，放玩具的架子上，貼著玩具的照片，顯示出它的所在位置。有很多零件的玩具被放在桶子裡，桶子上貼著那種玩具的照片，表示玩具的家——放桶子的架子上，也貼上同樣的照片。

「**這樣做有助於鼓勵自主性的清潔，不需要一大堆指示。**」杜菲老師說明道。「有時候孩子太過於依賴大人給他們的指示，而使用照片提示可幫助他們變得更加獨立，並且習慣以有秩序的方式，收拾他們的玩具。」

以教室為基礎的這些整理概念，也可以應用在家裡，但是如果能讓孩子事先了解為什麼讓東西保持整齊有秩序很重要，效果會更好。你和孩子可以把壞掉的玩具和照顧得很好的玩具拿來檢視一番，討論哪個玩具玩起來比較有趣。試著去拼湊少了幾片的拼圖，談談這樣的感覺有多麼令人沮喪，或是拿出一項因為少了幾片而沒辦法玩的遊戲。**指導孩子對於為什麼玩具應該整理、收起來，提出自己的看法，這樣可以讓他更加了解整齊有序的重要性，並提高責任感。**

讓孩子參與實際的整理規劃的過程也很重要，你可以幫孩子拍下他玩不同玩具的照片，然後允許他把這些照片放在裝這些玩具的箱子裡，或者讓孩子選擇裝不同玩具的箱子顏色，你也可以和孩子一起動手裝飾鞋盒，再用來放置玩具。

但是不要急著希望在一夕之間就可以想出新的整理辦法，最好是一次進行一個步驟，首先一定要拿掉沒被使用、不受喜愛，或已經破損到無法修復的東西。花點時間觀察孩子在哪裡能自然地使用及放玩具，試著參考那些模式，安排成儲藏的地方。

萊絲老師會大約一個月一次重新評估她的教室環境，檢視每項物品，並詢問著：「這個東西被使用過嗎？或這樣放適當嗎？」，**你在家裡也可以如法炮製，有助於使你的整理系統運轉，並減少可能產生的凌亂。**

幼教老師的小叮嚀

紙張、紙條滿屋子

對於帶到教室裡的各種學生紙張——作業和家裡帶來的紙條——萊絲老師指定每個學生在教室門口附近的一張桌子上各有一個公文格，每天早上學生把他們檔案夾裡的紙張全放到這裡。

在家裡，帶進來的紙張數量往往也很令人頭痛，不需要將它們全部留下來。你可以買個放文件的托盤，讓孩子放學回家後，把檔案夾在這裡清空，稍後等到晚上，你可以將這些紙張加以過濾，把必須拿回學校的東西（簽過名的許可紙條、完成的功課）放回文件托盤，讓孩子在早上放回他的背包。（這樣也能鼓勵孩子自動自發，適當地進行一種制度，使孩子能更容易整理自己的背包，而且是他親自完成的。）

上了幼稚園，孩子可以開始自己做決定要保留學校的哪些作業或美勞作品。有種手風琴式的檔案夾，對於值得珍藏的紀念本頗為實用，在每個新學年的開始，不妨買個這樣的收藏夾，標明年度，讓保存下來的學校紙張的凌亂程度減至最低。

學分16 打造孩子專屬的有趣天地，有助他感受自我成長

秋天剛開學的時候，伊利諾州幼稚園老師蘭迪・海特（Randy Heite）的教室看起來非常單調無聊，這種景象令人感到有些詫異，因為海特的教室往往到學期末時，都變成最有趣、最值得冒險，也最吸引孩子的地方之一。

海特先生投入教職的過程，其實有點曲折。高職畢業後，他結束在新內亞擔任志工的工作，和許多部落生活在一起。從事建設工程好長一段時間後，閒暇時間他和部落小孩為伍。從孩子那兒他學會如何在球賽開戰時準備揮棒，他則教孩子們怎麼做拖鞋，進而發掘自己對於當老師的渴望，因此返回家鄉之後，他便開始追求教育學位。二〇〇四年，海特先生榮獲迪士尼教師獎。

當家長們進入海特老師的幼稚園教室往往會停下腳步，自己幾乎變成幼稚園小朋友。在該學年上課的過程中，他的教室逐步擴充為包括有兩個七十五加崙容量的

水族箱（一個鹹水、一個淡水）、一隻鬣蜥蜴、一隻叫麥克斯的烏龜、一隻鬆獅蜥、壁虎、樹木、一間木材店、一張陶製桌子、一個成長研究室、一個遊戲廚房，甚至還有一個製造奶昔的舊式用具。

海特老師相信，即使是**小小年紀的孩子也需要有個屬於自己的環境**，為了製造這樣的環境，在新學年的開始，他的教室幾乎空空如也——簡單樸素。他拿掉所有的海報，在整個學年當中，教會孩子知道怎麼照顧動物了，才會再增加一種動物。

在新學年剛開始，每個孩子被指定一個英文字母來「教導」班上同學，他們製做一張介紹他們的字母的海報，然後這些海報被拿來布置教室。在學期末懇親會的時候，每個孩子會拿到一大片毛氈布，被指示製做一面家庭旗幟。他們在旗幟上面縫或畫上符號，而這些很快用在教室，布置成一圈的旗幟。

在學期中，整間教室充滿了活動和樂趣，每個學生都是幫忙打造這個環境的功臣，而他們自己也都看見自己的傑作，至於海特老師，則是讓這個小世界為之改觀的人。

在布置家裡時，同樣也應該讓**孩子在環境中，看見屬於自己的天地**，例如，孩子的臥室空間應該適合他的個性。孩子的空間應該包括牆壁上的開放區域或書架，供陳列圖畫或美術作品用。孩子的空間應該吸引他、使他感到歡欣。

孩子的痕跡或代表他存在的事物，也應該能在你家大部分區域陳列，儘管是以較安靜的方式呈現。在布置的時候，你可以結合孩子以前的元素——書架上擺張用小相框裝起來的新生兒照片，將他的第一張圖畫裱框掛在你臥室裡，把他在幼稚園做的用來當作母親節禮物的紙花，放在你的書桌上，**這些舉動顯示孩子在家裡受到重視，並且有助於他感受到自己正在成長與改變。**

雖然幼稚園教室總是布置明亮的顏色，給孩子的空間不見得需要如此，誠如海特老師所說的：「我認為維持基本裝飾、不要過於凌亂是很重要的。不容易專注在工作上的孩子需要明亮、快樂的環境，但不是那種會讓他暈頭轉向的東西。我剛好喜歡藍色，所以很多背景區域用了灰藍色或深藍色。」

二〇〇六年南加州最佳年度教師史蒂芬妮．席雅（Stephanie Seay）盡量在她的幼稚園教室裡使用天然的顏色和物質，她用草編籃子來裝東西。她的遊戲中心包括天然和手工做成的東西，如一片片被砍下來並磨光的樹枝，用在圍起來的區域上。

「我認為在幼年時期，有時候用了太多顏色在孩子身上，反而是在減低孩子欣賞能力的深度。」席雅老師說道。

學分17　教導孩子尊重個人隱私，並學習妥善照顧自己的物品

在整理和布置你的家時，儘管你希望能達到孩子的要求，了解到有些區域不必都是對孩子友善的（有些地方甚至完全沒把孩子的需要列入考慮）也很重要，在幼稚園教室，這就是所謂「老師辦公桌的法則」。

老師的辦公桌是專為老師的便利性而設置的，並不是為了學生。在萊絲老師的教室，孩子們必須事先徵詢老師的同意，才能看她桌子上的照片和其他擺飾，必須問過老師的意見後，才能使用她桌子上的膠帶、釘書機或削鉛筆機。

誠如她所解釋：「我告訴孩子，我的辦公桌上放了一些我最喜歡的東西——例如：我的相片、小玩意兒，還有吸引我的圖畫。我提到這是我感覺很舒服的地方，當孩子不在那兒時，我可以吃午餐、安靜地工作。我澄清，我會邀請孩子到我的辦公桌那兒，可是他們不可以在辦公桌後面嬉戲，或隨便拿走桌子上的東西。」

在自己家裡，你的「老師辦公桌」可能是你的臥室、正式的客廳或家裡的辦公室，這些區域可以設立為孩子不准踏入的禁區，規矩可以訂立為：門關上的時候，任何人都不准進入媽媽的辦公室，或是如果他們可以遵守「不碰」或「事先問清楚」的規則，就可以待在裡面。這些原則能幫助孩子了解，每個人都有自己非常特別或重要的東西，**建立規範能夠幫助他們明白尊重私人空間，及應妥善照顧個人的東西**。

你可以用類似萊絲老師在教室裡跟學生講的那番話，來解釋這些規定：「這是我工作的地方。」、「我必須維護個人東西的安全。」或「我待在這個地方感覺很好。」也許你會想邀請孩子到你的地方，例如：在你的書桌上和孩子一起玩拼圖，或觀賞你梳妝台上特別的收集物品。

但是請記住，對你自己而言，家也同樣代表著安全與舒適，**每個人都應該擁有私人物品安全存放的地方，以及某些區域可讓自己感覺是享受的地方，瞭解自己所有物和隱私權會受到他人的尊重。**

第五課

運用時間表妥善規劃時間

- 制定適當的時間表，讓時間運轉得更順暢
- 依孩子的年紀規劃時間表，並安排一日活動的優先順序
- 花功夫建立固定作息，使事情順利進行有效節省時間
- 有效利用行事曆，教導孩子數字與日期的基本概念
- 指派工作或家事，讓孩子從任務中體驗責任與成就

學分18 制定適當的時間表，讓時間運轉得更順暢

日程表對於幼稚園教學順暢運作有很大的幫助，好的老師也會依賴固定的作息、清單和**行事曆來幫助他們的學生預先知道接下來要進行的事情，感覺上比較能夠掌控孩子的生活，減輕孩子產生恐懼或焦慮**。教室工作做適當分配，可讓學生對自己的環境負起責任，老師也才不至於獨自收拾所有的殘局。

我將逐一檢視這些辦法，以及你該如何做調整，也適合在家裡使用。

幼教老師的小叮嚀

如果你有一個以上的孩子

本章所討論的辦法原則仍然相同，但是在制定你的計畫和建立習慣時，應該考量每個孩子的需求和喜好，而且一定要把家務公平地分配好。

學分19 依孩子的年紀規劃時間表，並安排一日活動的優先順序

製作每日的時間表可使一天有基礎的架構，可以幫助老師和父母確定他們需要做的事情順利進行。幼稚園老師使用時間表，讓孩子的生活上軌道，讓他們清楚知道「接下來會發生什麼事」，此外，**時間表還能減少改變活動之際產生的壓力**。

在家裡，我對於白紙黑字的時間表向來不大熱中，我知道即使自己再怎麼努力，也沒辦法確實按照時間表進行，而且今天我沒有達成的事情，可能得挪到明天做。時間表似乎比較拘束也比較僵硬，好像已經吸掉了那天的樂趣，已經應允了各種可能性。一想到有人走進我家，看見廚房裡張貼著我們每個小時生活的計畫清單，我就覺得不太舒服。

但是後來和優秀的幼稚園老師談論過後，我了解到時間表可以是詳細列著每天的活動，也可以是規劃生活的大致原則，根據你覺得哪種對你而言最舒服和最自然

而定。你可以把時間表寫在廚房的白板上供家人查閱，或只是在個人筆記本上寫些備註，看看你的日常生活，如何配合生活中優先的事情。

幼教老師的小叮嚀

好老師規劃他們的時間表時，有一個重要的觀念：每件工作所花的時間會比他們預期的還長，你需要的不是一個匆匆忙忙、擔心跟不上進度，或是注定會失敗的時間表。

一定要給與活動多些時間，如果孩子需要在八點到達托兒所，而通常穿衣服和吃早餐的時間需要二十分鐘，那麼計畫表上應該有二十五分鐘以上的時間穿衣服、吃早餐。留幾分鐘輕鬆的時間比起倉促地趕著準時出門要好多了。

讓時間表發揮作用的關鍵在於，將它作為觀察的工具——**時間表應該有助於你的生活運轉得更順暢，而非真正控制每天的活動**；時間表不應該迫使你匆匆忙忙或煩惱，也不應該過於僵硬，使你在確實執行時，令孩子感到悵然若失。為了有效率地執行，時間表需要顧及到可預期和彈性，而發展出時間表的意義在於確定你在做的是你重視的事情。

不管你希望最後的時間表看起來怎麼樣或計畫如何使用，在制定時間表時應該問自己：

- 少數幾件事情應該怎麼進行？這可能只是些類似早上穿衣服、準備食物，以及讓孩子每天晚上在適當的時間睡覺，也可能包括孩子上學或去托兒所這類事情。**制定時間表應依據孩子的年齡**，可能包括做功課時間或睡午覺，這些事情通常需要在特定時段做，你的時間應該配合它們。
- 那些對你們家而言非常重要、優先的事情，可能是些你每天真正想做的事情嗎？在我家，這些包括在戶外遊戲時間以及一起閱讀的時間。你可以列出包括和孩子做手工藝、運動、烹飪或玩積木，把這些事情寫下來，否則可以實際做這些事情的機會很可能轉眼即逝。

要真正感覺出在日常生活中你有多少時間，以及有哪些空閒時間或衝突的地方，思考下面這些事情將會有所幫助：

- 每天在家裡有幾件事情需要完成，以保持家裡平靜和生氣勃勃的氣氛？這可能包括整理床鋪、洗碗盤、擦拭浴室或洗衣服。
- 你需要照顧好自己哪些事情？如果沒有把這些事情考量進去，它們很可能失落在其他每個人的需求中。

接下來，可以想想和孩子在一起，以及沒和孩子在一起時喜歡做的事情，看看這些事情怎麼配合。也許你喜歡晚餐後，獨自一個人出去散散步，或是在早餐前一起餵鳥，也許你想和孩子一起種種花草。這份清單不需要太刻意或詳細，而且這並不意味著會讓鄰居刮目相看，或保證孩子未來會進入好的大學。**這些只是時間表上額外多出來的，只有在你找出時間的情況下，才能去做你真正喜歡的事情**，因此現在你就可以去找出這些時間。

即使沒有打算在你的房子裡貼張寫好文字的時間表，最好還是全部記在一張紙上。試著寫下每次接近的時間，看看事情要花多久時間。這樣全都適合嗎？檢視一下你在做什麼，你的日子過得舒服而且覺得有價值嗎？寫下這些東西會驅使你在每天或每星期太過忙碌、需要重新檢視的時候設定優先順序及認同期。

如果你就是喜歡把事情記在筆記本上，每天常常查看，這樣也可以。偶爾重新檢視，有助於你看清楚是否過著你所重視的生活。你還是可以每天早上和孩子討論當天的計畫，不必參照寫下來的時間表。

如果你制定一個計畫每天和孩子檢視的書面時間表，而且方便孩子能隨時查閱，下面是幾個制定教室時間表效果不錯的辦法，以及在家裡使用的有趣方法。

幼教老師的小叮嚀

看起來空洞的時間表妥當嗎？

當你檢視日常的時間表，可能會看著它說：「這就是我一天內全部要做的事？」不要感到失望，如果那就是你腦海中閃過的第一個念頭，其實是個好的徵兆。

記住：孩子需要許多自由、閒散的時間，這些時段允許他們和別人發展關係、學習觀念；**孩子不應該過著排滿活動的日子，他需要時間自己去發掘引起他興趣的事情**，他的頭腦需要時間處理事情以及作連結。只要把孩子放在那兒就好，他需要自己一個人的時間。

「孩子真的是被訓練過頭了，他們沒有足夠的時間去做孩子的事。」德州老師琳達．迪米諾．杜菲說道：「他們參加球隊、去上鋼琴課，但其實我們是在製造一個給與某人不停刺激的環境，身在這種環境中的人都不知道該怎麼做自己了。」

「我認為你可以為孩子做的最好的一件事情就是，給他們體驗就夠了。讓他們體驗生活，不要過度追求，只要按照自己的意思生活即可，但是要以開放的心胸去從事不同的事情。」

在教室和家裡該怎麼使用時間表

在萊絲老師的教室裡，她的時程表貼在靠近集會區域附近，每天早上可以在那裡討論時程表，整天都參考這張表進行。所有活動都寫得很清楚，並且有個簡單的線條圖畫來提示活動（例如：「閱讀」一詞在旁邊會有個書的圖案）。

萊絲老師教室的時間表每天大致上仍然相同，除了有特別的課程、來賓演講或遠足時例外，然後她分別寫下訊息，解釋那天的變動情況，並且在適當的地方寫下特殊事件。班上學生在瀏覽時間表時討論這個問題。

她的學生依賴時間表，當成是了解當天將會怎麼進行的視覺線索。學生們通常會個別參考這個時間表，例如：某個學生可能走近這張時間表，數數看在午休或午餐之前有幾個活動。

萊絲老師同時用時間表提供學生計畫時間的機會，以及決定如何利用他們的時間。如果學生對於閱讀課特別感興趣：她就會多花點時間在這上面，她和學生也可能在點心時間討論他們的數學課該怎麼進行。

在家裡，你的時間表可能像萊絲老師在教室裡使用的那樣詳細，例如，你可以使用佈告板或白板列出當天的活動，並公布在家裡的公共區域，或者是更一般性的情況：

- ✓起床時間和早餐
- ✓戶外遊戲時間
- ✓遊戲時間和工作
- ✓晚餐
- ✓午餐
- ✓靜態活動、睡覺時間

你甚至可以排除很明顯的事情——起床和吃飯——只記下每天不同的事情，這樣每個人對於接下來將要進行的事情都可以一目瞭然。

注意沒有包括在這些時間表的事情。你應該確定孩子有足夠的時間在外面玩耍，不要安排五分鐘玩單腳踢石頭遊戲，然後十五分鐘尋找及鑑定蟲子，接下來十分鐘用粉筆在人行道上寫字母和數字。請記住，時間表並非用來控制或命令孩子在什麼時候該做什麼事的方法，只是為你的日子提供一種架構的工具。

學分20 花功夫建立固定作息，使事情順利進行有效節省時間

時間表限定了你什麼時候該做什麼事——需要進行什麼及何時？固定作息提供了「該做什麼事」。晚上我們該怎麼準備上床睡覺？我們會先洗澡、穿上睡衣、喝些牛奶、上廁所、刷牙和看故事書，那就是我們的就寢作息。**固定作息基本上是每次用同樣的方法做同樣的事情的一種節奏，固定作息使你自動自發地做事情，對於接下來要做的事為孩子提供重要的線索。**

你不需要用和建立時間表一樣的方法來培養固定作息，因為固定作息會更自然地就準備就緒，不過你真的需要仔細思考——你的生活中有哪些部分因為有固定作息而受益？或在處理方法上有所幫助？目前你所進行的固定作息產生作用嗎？

在伊利諾州，蘭迪·海特老師發現，他幾乎已經能夠用良好計畫與細心練習過的固定作息或步驟取代所有的班規。

例如：在新學期開始，當學生們第一次踏進他的教室，他就跟學生們說明「午餐步驟」，因為他知道這幾乎是每個進來的幼稚園學生擔心的一件事情。海特老師告訴學生們，他們的名字將會出現在一片片的紙條上，以及該如何去拿表示出他們從家裡送來的午餐或想要買午餐的票券，他讓學生練習把票券貼在適當的籃子上，因為在這學年每天早上他們都將這麼做。

海特老師在學期剛開始的頭兩、三個星期會花很多功夫跟學生介紹類似這樣的班規程序，因為在他初執教鞭時便了解，許多他每天面對明顯的行為問題，其實是孩子對於理解與遵守班級程序方面的問題。

「一旦我逐漸找出教室裡令孩子覺得為難的事情，我就能真正辨識及察覺什麼是最困擾學生的。這樣使我很明顯地發現，其實是因為我的錯誤造成的——我並沒有建立正確的步驟。」他解釋道。

「因此上完整天的課之後，我問自己能做什麼？身為他們的老師，我可以做些什麼改變，以確保我所建立的環境和步驟都適合他們，讓他們知道該怎麼做。」

然而海特老師注意到，以前她確實為類似像檢查午餐和處理早上的會議這些事情訂立程序步驟，但是她從來沒有真正和孩子坐下來，從有利於他們的立場這個角度來檢視步驟。

現在她教室裡每件事情的步驟都訂定得很適中，包括照顧班級的動物。有的孩子可能會跟我說：「噢，海特老師，這個星期原本應該由我來照顧麥西烏龜的！」我會回答：「你以前照顧過麥西烏龜嗎？你知道照顧的步驟嗎？」並說明步驟：「你應該這樣拿食物餵牠，那樣打開牠的籠子。」

海特老師說道：「**要訣是花功夫去建立出確實可行的固定作息和步驟**。在兒童時期很多時候，人們跟孩子說明某件事情便希望孩子能把它記住，事實上，你必須讓孩子練習才行。」

誠如肯德基州派翠絲．麥克雷莉老師所說：「步驟在教室裡是非常重要的，**只有在經過很多練習後，事情才會順利進展，為了節省時間，你必須讓步驟確實適當執行。**」

在家裡，或許你可以為早上穿衣服、出門、準備吃飯或上床睡覺建立作息或步驟，並且和孩子一起練習這種作息或步驟，好讓他能夠知道即將進行的事情。最好從孩子的立場親自試試看，確定作息或步驟有效果而且合理。注意任何可能引起問題的地方，而且如果需要的話也願意調整步驟（但是不要動不動就作改變——記住，在步驟進行順暢之前，需要相當多的練習）。

學分21 有效利用行事曆，教導孩子數字與日期的基本概念

除了日常的時間表，還有一項能夠幫助追蹤記錄下星期和下個月將要來臨的事情，那就是行事曆。如果能把行事曆擺在家庭中讓每個人都容易接近的地方，將會有最大的效果，這樣即使是幼小的孩子都能看見未來有什麼事情。

僅只是在接下來的當日事件上畫張圖或貼個貼紙，也能提示孩子那天的事件。「距離我的生日還有幾天？」或「你看行事曆上的阿嬤的圖畫。」

好的幼稚園老師很喜歡在教室使用行事曆，因為它們對於重要的數學和閱讀的學習前技巧提供了非常重要的指引。

在夏威夷，寶琳．傑洛克絲（Pauline Jacroux）使用巨幅的牆壁行事曆，每一邊有三個方塊。在每天的行事曆時間，「行事曆監視器」會指著當天的日期：「今天是二〇〇八年九月一日星期一。」

在這個行事曆的一邊，第一欄供孩子畫圖以記錄天氣，像是晴天或雨天。在第二欄，她根據一名拿著風向袋踏出教室外面的同學的報告，記錄當天是否為多風的天氣。第三欄，她根據教室門外的溫度計來記錄那天的溫度。

在行事曆的另一邊，其中一欄是用來記錄學校的重要日子，例如像建校一百週年紀念日的慶祝活動。接下來這一欄對於潔洛克絲老師的夏威夷教室是很獨特的——用來記錄孩子們是否看見一種叫做黃金佩萊瑟（Golden Plether）的鳥；這種鳥在每年三月遷移到阿拉斯加之前，會在八月飛來他們的教室外面落腳。底下這一欄則是用來記錄月亮的盈虧。

你家裡的行事曆可以詳細也可以簡單，但是**藉著使用行事曆，你是在教導孩子數字、星期幾，以及今天、明天和昨天的概念，同時你也在教計算，而且幫助他認識字母和文字**，此外，你也教導孩子下面這些基本知識：

- 測量，如果你比較時間的元素。（「蘇珊的生日和莎莉的生日之間相距幾天？」）

- 解決問題和分類，如果你試著推測出某個月的天氣可能怎麼樣。
- 畫圖表，如果你使用像陽光、雨點或下雪來記錄每天的天氣。

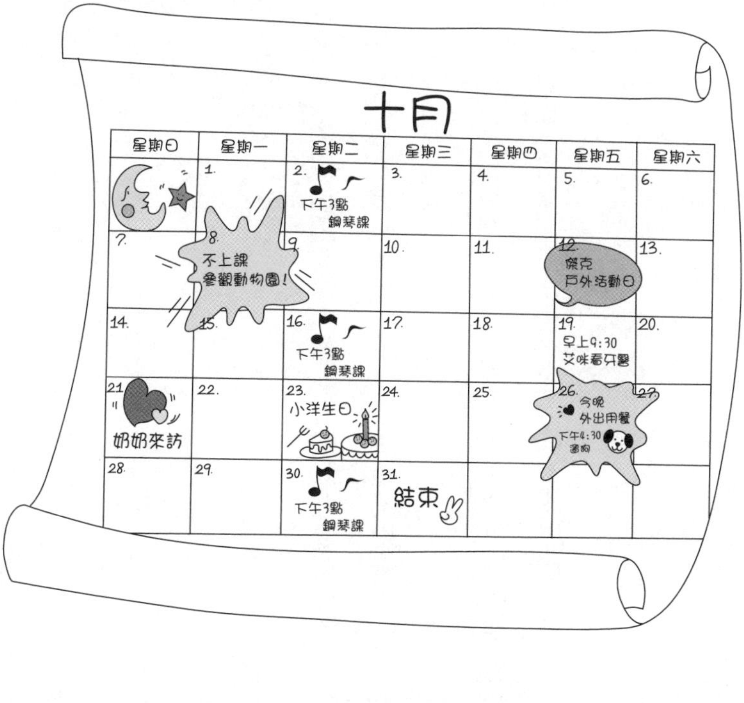

製作時間表的錦囊妙計（二）

卡片紙夾

年齡：三～五歲

材料：索引卡、小衣夾、24吋的寬絲帶、馬克筆

準備：和孩子一起在索引卡上面將當天的每個重要事件都畫出來，再用衣夾將卡片繫在長長的絲帶上。將絲帶掛在牆壁或門上面，好讓孩子摸得到這些卡片。

做法：當孩子完成一項活動，他可以取下相對應的那張索引卡。卡片可以放進附近的盒子、籃子或信封，等改天再拿出來使用。每天晚上使用適合第二天活動的卡片取代原有的。

製作時間表的錦囊妙計（二）

筆記本時間表

年齡：四～六歲

材料：紙張、馬克筆、三孔文件夾、紙張保護套

準備：和孩子一起將當天每個重要的事件個別畫在一張紙上，再將這些紙放進保護套中。

做法：挑出能表現當天的適當活動的紙張，按照次序整理後，放在三孔文件夾，孩子一整天就可以參考筆記本上的活動，你也可以很容易就能更換每天的時間表。

製作時間表的錦囊妙計（三）

時間紙板遊戲

年齡：四～六歲

材料：紙張、馬克筆、跳棋棋子或作為遊戲代幣的硬幣

準備：和孩子畫出簡單遊戲板格子路徑，沿著路徑將孩子從早上、下午或晚上必須做的事情畫出簡單的圖案。

做法：每次孩子完成計畫表上的活動就可以移動遊戲代幣，直到他抵達道路的盡頭「獲勝」為止。

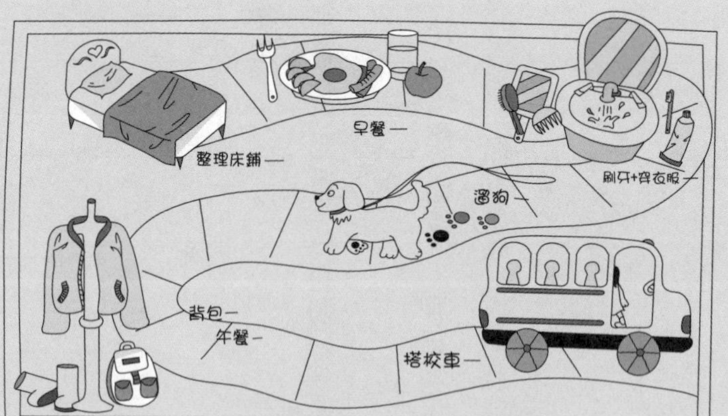

圖畫競走時間表

學分22 指派工作或家事，讓孩子從任務中體驗責任與成就

幼稚園教室裡有些工作會分配給學生——灌溉花木、路隊長、幫忙做行事曆和收集紙張，**因為工作給孩子機會承擔教室裡的某些責任和個人任務**，避免讓學生產生老師會為他們做每件事情的期待。

在家裡，除了遊戲結束應該整理玩具，或著色完之後應該收拾蠟筆之外，也得分擔一些工作，表示他對家裡面有貢獻，而且也是重要的成員。幫忙工作給孩子覺得自己已經長大的觀念，以及了解屬於群體——家庭、教室或工作場所——表示得付出一些貢獻而非完全接受，同時也讓他們明白他們的貢獻是值得的。

當你指派二到八歲的孩子做家事時應該記住：

• 這項工作應該是重要而且有意義的，讓孩子了解他對家庭的貢獻，而不只是在填補時間罷了，當然分配孩子工作必須考量孩子的能力。他可能把看見你

所做的工作視為有價值的——把信箱的信拿進來、拿出洗碗機裡面的碗、清掉家具上的灰塵，甚至是將要洗的衣服分類。

• 不應該盤旋在孩子身邊或不停地指正他的工作，教導孩子該怎麼做那項工作，讓他練習到能自己做為止，然後就放手讓他做。**不要一直跟在他後面糾正他的「錯誤」，讓他好好做工作，體驗工作完成後的驕傲和成就感。**如果你需要重新教導該項工作的某方面，應該用有幫助且尊重他的方法去做。記住，今天慢慢開始做的事情假以時日就會變成固定作息。

此外，孩子對於把自己照顧好應該承擔更多的責任——自己穿衣服、自己擦拭嘴巴、把自己的垃圾放進垃圾桶。許多幼稚園老師拒絕幫孩子做任何他能夠自己做的事情。

夏威夷的潔洛克絲老師說：「我不會彎下腰來拾起掉在地上的鉛筆，他們可以自己做的事情就儘量讓他們去做，如果需要的話就規劃多一點時間。儘管要他們自己去做那件事可能得花更多時間，但是也**不要為孩子做他們自己能做的事情，那只會阻礙他們進步。**

幼教老師的小叮嚀

適合二至八歲孩子的工作

- 用兒童尺寸的掃把掃前院或地板。
- 整理乾淨的襪子。
- 灌溉花木。
- 把洗好的乾淨衣服放進櫥櫃。
- 幫忙收拾雜物。
- 拔除院子裡的雜草。
- 用兒童尺寸的耙子把葉子耙攏。
- 整理床鋪。
- 幫忙餵寵物。
- 把乾淨的湯匙、叉子放進銀製品專用櫥櫃。
- 幫忙拿報紙或信件（在父母的監視下）。
- 用羽毛撢掃除或乾抹布擦拭家具。
- 把打不破的碗盤放進洗碗機，或把裡面的東西拿出來。
- 擺餐具（打得破的碗盤應該由父母放到桌子上）。

分配工作的錦囊妙計（一）

鴨子排排站

年齡：三～四歲

材料：橡膠鴨子、奇異筆、澡盆或臉盆

準備：在每隻鴨子底下寫下你分配給孩子的工作。

做法：讓鴨子漂浮在盛著水的浴室水槽或桶子中，然後讓孩子選一隻鴨子（或是在鴨子巢穴裡抓一隻），做鴨子底下所寫的那項工作。最棒的情況是，孩子做了第一項工作之後，想再多選幾個工作。

其他變化：在幾張紙條上面寫工作，然後把紙條放進罐子或塑膠廣口杯中，讓孩子每天選擇幾張紙條，去完成上面的工作。

分配工作的錦囊妙計（二）

工作骰子

年齡：四～六歲

材料：方形衛生紙盒、紙張、麥克筆

準備：用紙張將衛生紙盒包住，每一面寫下一項孩子可以做的工作，然後依孩子一天該做幾項家事，來決定該擲幾回骰子。

做法：讓孩子擲「工作骰子」，看擲到哪一面骰子就去完成那項工作。如果擲到的那項工作是已經完成的，就讓孩子選擇一種逗趣的動作，大家必須跟著做（像小雞一樣嘎嘎叫、跳草裙舞、原地跑步等）。然後繼續擲骰子，直到擲出還沒做的工作為止。

幫忙做家事的錦囊妙計（二）

花朵的力量

年齡：四～五歲

材料：瓦楞紙、剪刀、麥克筆、雙面膠帶或剪下小片膠帶、膠水、信封或小的容器

準備：從瓦楞紙剪出花的中心、莖、葉子，以及六至八片花瓣。在花朵中心上面寫下「我的工作」，在每片花瓣上寫下一項屬於孩子每天的工作清單的部分（也可以畫個簡單的圖。）把花的中心部分貼在一張紙上，再加上莖和葉。在每片花瓣背後貼上雙面膠帶，把有花朵中心的那張紙貼在門或牆壁上，高度和孩子差不多。把花瓣放進信封或附近的容器裡。

做法：讓孩子挑一片花瓣，並且去做花瓣上面列出的工作。工作完成之後，把花瓣貼在花朵中心，當所有的工作都做完了，花朵也大功告成。

幫忙做家事的錦囊妙計（二）

藏寶圖

年齡：四～六歲

材料：紙張、麥克筆

準備：畫一幅有圖案的地圖，引導孩子完成一整天的工作，最後以你們能一起做的活動做結束，例如：烤餅乾、玩遊戲或一起去散步。

做法：給孩子這張藏寶圖要他按圖索驥，一旦所有的工作都成功達成，就和孩子一起做有趣的活動。

其他變化：在最後一個地方藏一個裝飾過的鞋盒或珠寶盒，裡面放著小「寶物」，例如：可做趣味活動的貼紙或優惠券。

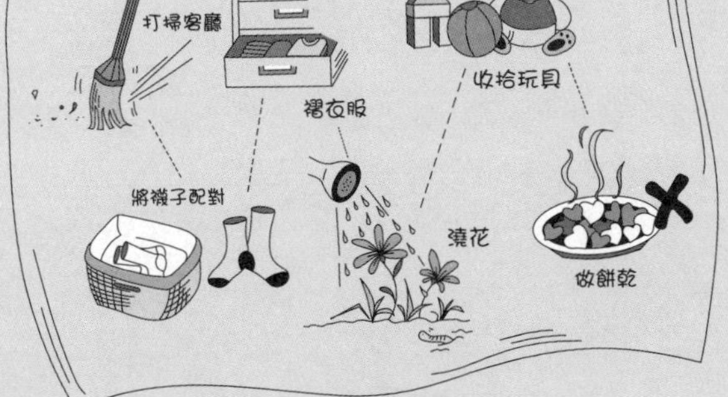

"珍寶地圖"

筆記

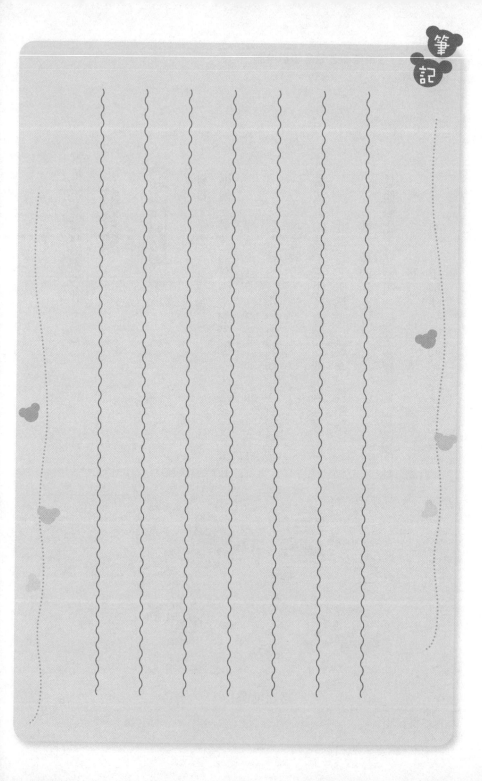

第六課

明定規矩並善加利用

- 不必訂太多規則，只須把焦點集中在麻煩的事上
- 明確的規矩可讓孩子有適當的行為，且有助解決問題
- 當規矩被破壞時，應儘量維持愛與權威間的平衡
- 避免使獎勵淪為賄賂，應該讓孩子認識好的行為

學分23 不必訂太多規則，只須把焦點集中在麻煩的事上

關於為年紀較小的孩子訂定規矩方面，如果有項原則，那就是規矩儘量少一點。多數優良的幼稚園班級可能只有三、四條管理學生行為的規矩，有些老師甚至認為三、四條規矩太多了。

這怎麼可能呢？老師要安全地經營好一個班級，或父母親要管理家庭，單憑寥寥幾個規矩怎麼夠呢？

規矩不需要太多的原因，部分是因為我們在前面兩章討論到的步驟：布置空間和規畫時間。如果你已經建立上床前的簡單作息，包括收拾玩具，而且已經訂好明確及適當的地方供孩子放玩具，那麼你大概不需要立下這樣的規矩：「就寢時間到了之前必須收好所有的玩具。」

如果你的規矩訂得很好而且有意義，只要少數幾個就夠了。最好而且最有用的規矩會把焦點放在少數幾件會引起最麻煩的事情上，這些規矩的建立可以不斷被拿來應用（或修改），在許多場合也適合使用。

一套好的規則能夠增進孩子的安全感或穩定的感覺，規則可以讓孩子更清楚知道，在一個團體中該如何表現，使你們的生活更平靜與和諧。在本章中我們所提出來並詳細討論的祕訣包括：

- 決定如何訂定家事規則。
- 決定該如何執行——或當事情出差錯時，該怎麼做的計畫。
- 對於孩子的「良好」行為決定是否給與獎勵。

幼教老師的小叮嚀

如果你有一個以上的孩子

在訂定及解釋規則時，需要確定已將所有孩子都包括進去，家規應該適用於每個人。但是在執行家規時，考量孩子的個性與氣質是很重要的事情，如果一個孩子需要更嚴格的指示，為那個孩子制定這樣的規則也無妨，就算另一個孩子對於溫和的提醒反應較好。

學分24 明確的規矩可讓孩子有適當的行為，且有助解決問題

為家人訂定規矩時，應該考量本身的教養型態與自己家裡的需要，你可以制定非常明確的規矩，也可以制定概括性的原則。明確的規矩，如「跟別人要求某樣東西時一定要說『請』，接受別人的東西時一定要說『謝謝』。」，清楚告訴孩子你所期待的行為。不管規矩被確實遵守，或破壞都可明顯看出；規矩教導孩子在家裡、在學校或朋友家裡某件重要的事情，不管有多累、不管你的心情怎麼樣，規矩都是一樣的。

然而明確的規矩有時反倒是種限制，例如：無法教導孩子概括性的良好舉止；概括性規矩（「有禮貌」或甚至「尊重別人」）的彈性較大，可是你需要時間跟孩子解釋守規矩的意義。儘管有些人認為概括性規矩太籠統，幼小的孩子無法了解其真正的意義，許多好的幼稚園老師把概括性規矩視為結合所有「規矩」的機會，引

導孩子體會人生真正的道理。

你怎麼知道家人需要哪種規矩呢？這得依據你企圖解決什麼樣的問題，以及你是什麼樣的父母，甚或你打算怎麼樣執行規矩而定。

如果你正在處理某項行為問題，最好是針對那個問題來擬定規矩。例如，在萊絲老師的幼稚園教室裡，她清楚知道一天當中什麼問題和活動會引起最大的問題，針對這些問題她設計出下面這些班規：

- **遵守第一次傳達給他們的指示。**
- **在大聲講話之前先舉手。**
- **尊重周遭的私人空間。**
- **東西使用完畢後，應該放回原處。**

萊絲老師的規矩很明確，卻適合她在教室裡可能面對的各種情況，顯然當一個規定被破壞時，她很容易就可以指出規定是什麼，犯規的孩子又該如何調整他的行為。萊絲老師訂定的規矩也包含每天會遭遇到的問題，並教導學生們成功達成事情，以及在教室裡生活所需要的技巧。（當有學生抗議某個煩人的孩子不能當朋友時，她就必須將原本第三條規矩調整為：尊重朋友的私人空間。）

你可以考慮訂立一些用來規範進餐的規矩，教導兄弟姊妹之間如何不用推擠或打人的方式解決爭執，或幫助孩子平靜地渡過洗澡時間和睡覺時間。注意，你也可以在這些時段藉由建立清楚的固定作息或步驟，處理吃飯時間和就寢時間的問題，然而，即使**適當地培養出固定作息，用規矩形式的提醒，對於問題的解決也會有所幫助**。儘管幼稚園老師蘭迪．海特幾乎以步驟取代了所有的規矩（參見第五章），他仍然會有這條規矩：「走路時不准摸東西、交談。」來提醒學生在走廊上行走應表現出的適當行為。

在馬里蘭州，曾經贏得教師獎的達拉．費德曼（Dara Feldman）雖然著重在更遠大的人生啟發上，還是希望她的教室能保持秩序，所以用引導的原則處理她在加勒特公園（Garrett Park）的幼稚園班級。費德曼老師於二〇〇五年榮獲國家迪士尼教師獎，她擬定一份教室公約讓學生帶回家給家長簽名。這份合約上面寫著：「我們將口不出惡言、不使用暴力，我們將以溫和的態度對待他人及物品，我們將熱心學習、永遠盡最大的努力。」

這種方法非常好，不僅提出問題範圍，也讓費德曼老師針對幼稚園常見的問題給與特定的規矩，她的學生們幫忙寫下班級公約，同時他們也會逐一討論每條規矩的意義，而且畫出圖案說明那些規矩，當事情不對時，她也會溫和地加以提醒。

這個原則在家裡也很重要，你**需要跟孩子說明這些規矩，解釋清楚為什麼擬定的規矩非常重要**。在寶琳．傑洛克絲的教室裡，她允許學生幫忙制定規則，一起腦力激盪想出點子，並且縮減數量到最重要的三、四條規矩。

「我們不斷討論定這些規矩的理由：保持每個人的安全，確定每個人都受到尊重對待。」她解釋道。

如果選擇建立概括性的準則，你必須是態度前後一致且提供指示的人。確定孩子知道他被賦予什麼樣的期待，不要每天為了配合你的需要而改變定義，因而誤用了規矩。要知道，在傳達你的意思時可能得花更多時間，所以應該溫和地指正，清楚地解釋他的行為是怎麼破壞規矩。

幼稚園老師在擬定班規時，會考量的其他幾個問題包括：

1. 規矩應該言明什麼是可行或不可行嗎？

老師一般都同意，你所訂的規矩應該陳述你希望發生什麼事，而不是說明你想要避免的行為，因此你不需要訂立這樣的規矩：「玩具不要留在地上。」應該這樣說：「遊戲結束的時候應該把玩具收好。」基於幾個理由應該這樣做，其中最主要是因為幼小的孩子從「不應該做」進入「應該做」有段艱困的時期。他們可能了解你不希望玩具留在地板上，可是那不見得能幫助他們了解該做什麼。

然而，有幾個規矩就是很難用正面的說法，**特別是在規矩必須清楚明白，才能達到最有效率的時候**。如果我想要訂一個可以防止小孩在家裡奔跑的規矩，可能只會是這樣：「不准在家裡面跑。」好老師可能會質疑，我應該將這個規矩修飾得更正面些——如果不跑的話，孩子可以做什麼？或許可以這樣：「在家裡面只能走路。」可是這並非我要的意思，我不介意在家裡偶爾跳一跳、翻滾或爬一爬，我只是不希望跑來跑去而已，或許可以像這樣：「在家裡面走動要注意規矩。」但是對

我而言，這個說法有點混淆，而且沒有說出我的意思。肯德基州派翠絲．麥克葛雷聰明地用這句話來處理：「限制速度：走路。」或許我可以借用這句。

但是另一方面來說，如果你發現需要「不應該」的規矩也沒關係，總比你沒把意思說出來要好些，最重要的事情是，你的規矩應該清楚明瞭。請記住，即使規矩本身是可能訂為「不准……」，在你矯正時應該清楚指示你希望孩子怎麼做，例如：「慢一點！在走廊走路腳步請放慢。」

2. 規則應該寫在紙上貼起來嗎？

大多數幼稚園老師會將班規貼在教室某個地方，如此在需要的時候整天都可以按班規行事，**孩子們對於要進行的事情也有個清楚可見的提示可依循。**

許多父母不願意把規矩貼在家裡，我當然能了解這一點，可是有一天我和朋友去探訪一處休閒城鎮後，我的想法改變了。我們經過一家簡餐店，前門貼著一張告示：「洗手間僅供顧客使用。」於是我了解到，公告規則確實能發揮作用。

如果你正在處理某項特定行為，覺得孩子需要看得見的提示，那麼你可以選擇把規則貼起來；除了選擇把規則貼在冰箱或牆壁上，你可以和孩子一起研發製作一種「規則書」，為每項規則配上插圖，然後放在孩子容易拿到的地方，在需要的時候作為依據。

學分25 當規矩被破壞時，應儘量維持愛與權威間的平衡

一旦你建立了規則，必須思考如何執行這些規則，或是當規則被破壞時應當如何處置。對好老師而言，這個話題幾乎都會在引導、重新指示一次上面打轉，不然就是結果方面，而不會是處罰，因為他們的目標是教導幼稚園學生有關在群體中生活的事——學習如何控制他們自己的行為，以及修正他們的錯誤。在家裡要幫助孩子發掘這點，你應該試著平衡兩件事情：

- 孩子應該知道他能夠信任你，你是關愛他而且保護他安全的人。
- 孩子應該知道你能妥善地處理事情——你不但不懼怕，而且樂意接受身為父母所擁有的權威。

這兩個原則可以歸納為：你想要傳達你和孩子是站在同一陣線的這種感覺，當然，你會被認為是同一隊伍中的領導者或教練，但你並不是要去贏得某種和孩子為敵的戰爭，你並非加入對立的隊伍，你是在引導孩子一步一步接近他需要獲得的技能，而且你是出自關愛與支持的心態在做這件事。

接受你身為父母的威嚴

在生活中威嚴意味著什麼？

首先我要說，有效率的老師接受身為教師所擁有的威權，他們知道是他們在掌控情勢，而且他們心中有所計畫、有所準備。

在家裡，你必須接受身為父母所擁有的威權，而且你必須思考你的計畫——如果事情進展得不順利，你將會怎麼做？你需要在問題開始爆發的一些處理方案。俄勒岡州老師賈姬・庫克（Jackie Cooke）注意到在偏差行為產生的初期階段，下面這些技巧能夠讓事情受到控制：搖搖頭、一步一步走近孩子，或靜靜地把一個孩子拉到旁邊，問道：「遵守什麼規矩會讓你覺得有困難？」

潔洛克絲老師只是簡單問道：「你做的事情是對的嗎？」「基於某種理由，他們絕不會為那種簡單的觀念爭吵。」她說道。「事情過後只要睜大眼睛或像我們在夏威夷所稱的『臭眼睛』，或許能讓錯誤的事情漸漸改正。」

可是如果讓事情愈演愈烈而導致失控——孩子拒絕聽你的任何指示，或表現出對他或對別人不安全的行為——不能只是把雙手一攤或因為挫折而放棄。不要抱怨：「你從來就不聽我的話！」或「我真的拿你沒辦法！」記住，身為成人的你應該像個有效率的老師一樣，首要之務就是掌控情況，即便你害怕自己不是主導者，你也需要假裝是你在控制情勢。你可以使用下面這些話來增強語氣：

「立刻停下來！」

「絕對不可以！」

「夠了！」

「想都別想！」

換言之，馬上停止當時做的事，將情況帶回由大人掌控的局面，確定你的語氣和臉部表情傳達出同一種訊息——不要面帶微笑或講話遲疑。**給與清楚的指示，說明你希望做到哪些事，並且以冷靜、堅定的態度貫徹到底，掌控情勢，直到孩子遵守規則為止。**

「當這個班級呈現『失控』狀態，我第一個反應就是吸引他們的注意力，但不是用大吼大叫的方式。」潔洛克絲老師解釋道。「這時應該採取任何有用的措施。我依據當時情況使用幾種技巧：關掉電燈、吹出火車的汽笛聲——沒錯，我的確有這種汽笛！」

「當我關掉電燈、把門關起來、拉上百葉窗，使得我在教室裡跌跌撞撞，直到眼睛適應黑暗。我們就這樣靜默了一會兒時間，我才開口問他們是怎麼回事。」

「等他們集中注意力，**就以沉靜而非平常的聲音說話**，這樣他們就非聽你的話不可了。**然後選擇適當的訊息，可能的話盡量用幽默的方式傳達，但絕對要以愛和關心孩子為出發點。**」

孩子就是不聽話怎麼辦？

事實上，在現實生活當中這種情況真的讓人很為難。當孩子不肯聽你的話，你知道自己需要堅守規則，可是該怎麼做呢？孩子就是把你的話當耳邊風，你該如何繼續保持掌控的地位？

請記住，**在你指示孩子去遵守你所期望的規定時，不要以徵詢的口吻**：「我要你去刷牙，好嗎？」同樣的道理，不要讓孩子去爭辯為什麼應該按照你的指示去做。如果孩子不肯聽話，**應該冷靜、堅定地重述你的指示**：「現在是刷牙的時間。」蹲下來和孩子保持同樣的高度，眼睛直視著他。

如果你傳達的指示仍然被漠視，假設是孩子不了解你的意思，或許可以用另一種方式再說一遍：「進去浴室，去拿你的牙刷刷牙。」

抑制住自己想要大吼、表現出較強烈或更激烈的反應（我數到三之前你最好乖乖進浴室刷牙，否則你就得罰站！）這種方式使你看起來軟弱、失控，而且顯然給孩子一種選擇「聽我的話去做，否則……」但你的用意並不在於要孩子從聽你的指示去做或接受處罰這兩者之間做選擇，你希望的是孩子按照你的話去做。這種方法或許可以當成「破紀錄的技巧」，因為你將重複說明你的指示，直到孩子遵守為止。

如果孩子仍然拒絕遵守你的指示，使你漸漸感到挫敗，還有另一個方法或許會有幫助：把命令孩子「去……」的指示（馬上去刷牙！）改變成過來的指示（過來跟著我，我們必須刷牙）。「過來」這個詞引導你避免對峙，趨向合作，不僅確保孩子遵守指示，而且仍然由你掌控局面。這種說法提供你有用的替代方案，你可以牽著孩子的手或輕輕拉起他的手，帶著他到浴室刷牙。

另一種解決方法（特別是在爭吵期間，孩子的情緒已經失去控制的情況下特別有用）是，暫時改變原來的指示，給孩子能成功達成的相關工作。「把桌子上的衛生紙盒給我，謝謝。讓我們把你的眼睛擦一擦，這樣會舒服些。好了，現在我們去刷刷牙，上床睡覺之前還可以讀一個故事。」

不要害怕請求協助

誠如琳達・迪米諾・杜菲老師提醒我們：「我認為一位老師相信自己擁有威嚴是非常重要的，然而，了解到請求其他成人的協助，並不意味著他無法管理學生，這點也很重要。」

換言之，**尋求他人的協助不是件壞事，關鍵是：你仍然需要保持冷靜與控制權，而且最好是有計畫。**「不同的孩子需要不同的東西，有時候不同的成人有不同的策略或個性，在化解艱難的情勢上會產生不同結果。」杜菲老師解釋道。

她舉一個行為偏差而且拒絕去圖書館的孩子為例，她會通知不同的成人：另一位老師、圖書館人員、教練或甚至監護人——走到孩子身邊和他聊天，就足以轉移孩子的注意力或改變他的心境。

「在做這些事情時並不會減損一絲你在孩子心目中的『威嚴』，因為他們將了解並感激他們的環境有次序和計畫。」她說道。

萊絲老師有個學生，當事情沒有按照她意思時，絕不會善罷甘休。「她會趴在地上，縮著膝蓋，拒絕講話、走動、看天花板或聽別人說話。」萊絲老師回憶道，即使這個班級朝著擁擠的走廊行進，別的學生得繞到她旁邊，否則就會踩到她。

萊絲老師使用的技巧沒有一項奏效，當那個女孩陷入抓狂的狀態中，在脾氣爆發的當下拒絕離開教室，萊絲老師只得承認她需要協助。因此她擬訂一項計畫，在女孩脾氣爆發的時候，萊絲老師會送出紙條給其他成人，然後便會有人進入她的教室，和那個女孩待在一塊兒，什麼話也沒說，直到她的脾氣消了為止。

情況就這樣一直持續下去，有一天那個女孩沒有得到她想要的洋娃娃，於是又開始鬧脾氣，萊絲老師走到她的辦公桌拿紙條。「從她捲曲的姿勢中，我聽到低吟的聲音：『老師，不要把紙條送出去。』然後她站了起來，跑去玩。」

如同萊絲老師所說：「我並非不適任、無效率或做錯任何事——我只是需要協助。」

給與引導或重複指示

一旦情況又回到你的掌控當中，就可以往你的主要目標邁進：給與引導或重複指示。首先，你需要確定每個人——包括你——情緒都受到控制，準備進行下一個步驟。如果情況已經升高到你和孩子都感覺情緒過度的程度，但是其他人都沒問題，情況也在你的掌控當中，你可以選擇只是再次指示另一項活動。

例如，加州幼稚園老師蘇西．海絲．凱恩發現，其實這個年齡層的孩子沒有一個能抗拒得了好聽的故事。

「如果有段時間孩子不聽話，對於年輕的老師我建議停止一切事情，然後說：『我們去地毯上看個故事。』讓孩子再度參與你的活動，你應該掌控情況，把姿態稍為擺低些。」

在家裡，你可以採取類似的策略，拿出一本好書念給他聽，藉此將孩子帶進「聽話」的情境中。

或者你也可以選擇簡短的討論：「這樣是沒有用的，除非我們全部都了解規矩，否則每個人都不准玩。現在我們該怎麼做，你待會兒才要玩嗎？」

這是好老師在規矩被破壞或情況棘手、失控時所使用的一對一討論或「引導性談話」的一種方式：

1. 將情況帶回可以受成人掌控的情況。
2. 解釋什麼地方出差錯，是哪一項規定或原則被破壞了？（「傑克，你把露西推倒了，我們應該照顧屋子裡的每個人。」）
3. 解釋和這件事有關的人感受會是怎麼樣？（「她拿走你玩具的時候你很沮喪，可是你把她推倒了會讓她受傷。」）
4. 下次要做什麼事給孩子一個明確的選擇。（「你可以告訴她，你還在使用這個玩具。」）
5. 給孩子一次改正的機會。（「我們把這隻小兔子玩具放在她懷裡，這樣她會感覺好過些。」）

等到情況重回你的掌控中，另一個可以化險為夷的技巧是要求孩子「將功贖罪」，給孩子另一個重新開始、正確做那件事的機會。在傑洛克絲老師夏威夷的教室裡，她解釋道：「如果我說：『我要你們安靜地走進教室。』他們剛開始卻馬上以奔跑的方式進來，你就說：『抱歉，回到外面去，重新再來一次。』然後你務必要告訴他們這樣做有什麼收穫：『那樣子好多了，你這樣、這樣和這樣做，最後你還是得用這種做法，所以我們再試一次吧。』」

在家裡，如果沒有別的小孩受傷，或發生什麼意外，這種技巧特別有用。（「在家裡我們要照顧好我們的東西，不要亂丟玩具。我們再試一次，你可以表現給我看，該怎麼把玩具輕輕放下去。」）

靜默時間與隔離

當孩子表現出不好的行為時，父母和老師往往會採取「隔離」措施來回應，限制孩子的行為，但是有些幼稚園老師認為「隔離」已經變得過度濫用而且具處罰性，在他們的教室是**採用「靜默時間」或需要放鬆、重新專注和準備的暫停時間**，這種方法最普遍被用在孩子亂發脾氣或肢體衝突時。

在「靜默時間」之前，應該慢慢走近孩子溫和地說：「你該用靜默時間來讓自己冷靜一下。」如果孩子大發雷霆或具攻擊性，讓同儕用「安全臉孔」來幫助孩子相當重要；同儕可以停下所有的活動、注視那個孩子，如此可以提高那名憤怒孩子的挫敗感和難堪。你可以說：「離開這個地方的時間到了，你需要給自己一些時間。」如此，孩子的內在需要可以得到滿足（關注），而且符合大人的需要（恢復秩序），然後進一步解決問題或重新給與指示。

下一步是**幫助孩子表達他的憤怒或挫折感，然後把焦點放在下次發生同樣的情況時可以用什麼辦法取代**。在靜默時間中，可以給孩子記事本或筆記本讓他畫圖。孩子可以在記事本中自由畫出任何能夠反應出感覺的圖案或臉孔，畫完圖後，要求孩子畫出下一次可以做什麼事情，這種方法得以讓成人在回去看採用靜默時間的孩子前，照顧到其他孩子的需要。

海絲老師建議只要讓孩子離開現場一陣子時間即可。「處罰、大吼大叫只會引起災難而已。」她說道。「較適當的說法是：『我需要你坐下來兩分鐘時間』，以冷靜的態度簡單說出，馬上對情況就會有所幫助。」

提示的注意事項

給與指正和重新指示時應注意：

- 不要說不真實的事情，例如：在孩子才剛剛打了妹妹時說：「我們不打妹妹！」這樣會造成混淆而且與事實不符，誠如南加州老師老師史蒂芬妮·席雅所說的：「如果我們必須說：『我們不打人。』這種說法並不妥當，因為顯然打人的事情已經發生了。」應該清楚說明你的意思：「不要打妹妹！她會受傷！」
- 盡量引導孩子用較好的方法解決問題，清楚解釋：「告訴他是你先拿到球的，而且你現在還在玩。」再次引述席雅老師的話：「我們都非常擅於指出不對的行為，『你應該要這麼做……』往往是被漏掉的一句話。」
- 最後一點，找出一個辦法讓孩子做正確的事情，或將這個錯誤改正過來：「我們去為他拿些冰來放在他手臂上。」

最後一點非常重要，因為**你的目標並不是為了孩子做錯事情而處罰他，而是為了幫助他改正自己造成的錯誤，以及學習未來如何避免再犯同樣的錯誤。**

記住，最好的老師知道他們的策略應該是和孩子在同一陣線，而不是和他們為敵。你可以讓每個事件演變成對峙或意志的戰場，或者你可以維持一致的態度、掌控情況，教導孩子如何處理情緒與解決衝突，關於這方面我們在下一章會詳加討論，但是首先讓我們快速看一下銅板的另外一面：當孩子乖乖遵守規定時，是否應該給予獎勵？

學分26　避免使獎勵淪為賄賂，應該讓孩子認識好的行為

有時候幼稚園老師對於良好行為會使用簡單的獎勵制度，例如：海絲老師在她的加州幼稚園教室會給孩子「哇！票券」（Wow ticket）。「哇！票券」沒什麼特別之處，只不過是長條的瓦楞紙罷了。

（當孩子得到「哇！票券」時，必須在上面寫下名字，這是海絲老師讓她班上的學生練習寫名字的技巧。）

所有的「哇！票券」會放在一個盒子裡，海絲老師一星期會進行五次「哇！票券」抽獎活動，被抽到的學生可以挑一項小獎品（但是她並沒有真的看票券上的姓名，反而巧妙地控制，讓每個孩子最後都有機會拿藏寶盒裡面的獎品）。

海絲老師並不提供個人獎品，她使用一個班級彈珠罐，當全部的學生都準時打掃乾淨或迅速做好安排好的工作時，她就會放一、兩顆彈珠到罐子裡，並且跟班上

的學生解釋他們做了什麼事情而得到彈珠，等彈珠罐滿了，便開始投票表決班上的獎勵方式：也許他們可以在午睡時間前帶本書來分享、看一部適合的影片或進行特別的展示與討論會。

類似的情況，在俄勒岡州庫克老師的學生可以將贏得的點數用來交換成班上的獎勵，例如：額外的休息或假扮睡衣派對。

父母親可以將這些獎勵制度轉移到家裡使用，但是心裡面需要記住一些原則，獎勵才不至於演變成賄賂。其關鍵在於列舉及了解好的行為，讓孩子能夠學習去認識它。比較不妙的地方在於，建立的這種制度可能使孩子因獎勵本身，才刻意表現好行為。

好的幼稚園老師須提防給與獎勵的基本危機：孩子會變得太過依戀獎勵，例如，他們可能會依賴慷慨的讚美或他們喜歡的貼紙來判斷事情做得好不好，而非學習如何靠自己來評價。或者他們可能認定良好行為本身沒有價值，只有獎勵夠好，努力才有價值。

經常獎勵確實會減低孩子學習自己掌控工作的意願，孩子有非常好的自然獎勵系統，使他們在做自己非常有興趣的事情時努力認真。有了外在的獎勵系統之後，他們會漸漸完全為了獎勵而採取行動，而非為了滿足學習某些新事物或把事情做好的內在欲望。

這意味著獎勵應該小小的即可，而且有所節制，例如：你不應該因為學習新的東西而給與獎勵，但是對於改掉惹事生非的行為或徹底遵照指示把沉悶的工作完成，也可以給與嘉獎。

如果你想要找尋在家裡使用的獎勵，可以考慮下面這些以教室典範為基礎的幾項選擇，例如：

- 在公園野餐。
- 和孩子一起辦個睡衣派對。
- 晚上全家人一起看電影。
- 晚上遊戲時間，讓每個人教別人玩他最喜歡的遊戲。
- 找一天來個「奇裝異服」，大家都穿著奇怪或不搭調的服裝。

提供獎勵時，注意避免變相淪為賄賂。賄賂會漸漸變成是孩子在掌控情勢，但獎勵卻是由你在掌控事情。如果你說出這樣的話就是賄賂：「在我把小妹妹放到床上午睡時，如果你肯保持安靜，我就會給你一本新的著色簿。」這番話可能使孩子選擇是否按照你所期待的方式去做，並且根據新的著色簿是否足以吸引他而決定表現該項行為。

要有效率地給與獎勵，你應該只陳述出你的期待：「我把小妹妹放到床上午睡時，希望你保持安靜，然後當她睡著時，你和我就可以一起著色。」

你也可以在他每次午睡時間保持安靜時，選擇使用貼紙來當作記號，等他累積到相當數目的貼紙便提供一項小獎勵。海絲老師發現「哇！票券」的效果好極了，因為年紀小的孩子就是喜歡「票」這個字眼，因此你也可以提供自己的票券，讓孩子收集到一定數目的票，然後將這些票券轉換為獎勵。

在南加州席雅老師的教室裡，她避免過度使用獎勵，企圖教導學生們重視自己的工作和行為，不要依賴讚美或她的獎賞。

「當孩子把事情做得不錯或工作做得很好，**我認為讓他們了解，對於自己所做**

的事情應該感覺很棒，這個觀念相當重要，不要依賴大人的嘉獎。」她說道。「有些孩子會做任何會受到嘉獎的事情，剛開始我會嘉獎他們，但是我也開始問他們一些像這樣的問題：『在你……的時候，你感覺怎麼樣？』或『你怎麼把工作做得這麼好？盡最大努力做事情是否令你覺得驕傲？你真的應該引以為傲！』」

「我希望他們能發現自己內在的聲音，幫助他們對於自己所做的選擇感覺良好。」她解釋道。「我不希望他們過於依賴我的讚美，因為未來他們不見得會受到其他老師、父母或未來的老闆的讚美。」

當杜菲老師猶豫要不要為孩子做的事情獎勵他們，她會在學生為別人做好事時給他們「溫暖毛毛球」；「溫暖毛毛球」是不同尺寸、多種顏色的絨毛球，可以在工藝店買到，在家裡可以幫孩子準備一個溫暖絨毛盒，讓他們把溫暖毛毛球收集在盒子裡。

類似情況，席雅老師使用鑲珠子的緞面盒當作「善心盒」，當她注意到某個人表現出愛心行為，例如：幫忙同學清理濺出來的顏料，席雅老師會把這件事記在紙條上，放進盒子裡，而且讓孩子們採取類似的做法：知道同學表現仁慈的行為時，畫出他們所看見的行為，然後把圖畫扔進善心盒裡。

「那是獎勵的延伸方式，」席雅老師解釋道：「純粹是種認同。」

席雅老師採取她在教師研討會學習到的印第安人傳統，她也使用「種子罐」。當她發現仁慈或助人的行為，會把一匙鳥食舀進罐子裡，等種子罐滿了，班上同學就可以拿著罐子出去，將種子撒出來給小鳥吃；在家裡也可以很容易採用這個辦法。

「我們所討論的訊息是：當我們見到善心的行為，要以某種方式感謝或記錄，然後將那種善舉回報給別人。」她說道。

第七課

培養孩子處理衝突與情緒的能力

- 發生激烈爭吵時，應讓孩子學習如何找出解決的辦法
- 幫助孩子建立「心情字彙」，學習表達自己的情緒
- 讓孩子了解感覺是會改變的，引導他學習處理情緒
- 協助孩子了解感覺和行為間的差異，並協助他解決問題
- 當孩子在挫折或沮喪時，引導他學習自我安撫及放鬆
- 練習用不同的方法解決問題，以激發創意思考和自信

學分27 發生激烈爭吵時，應讓孩子學習如何找出解決的辦法

把二十幾個年紀幼小的孩子混雜在一間教室裡，他們相處的這段時間裡，不論是哪一天，多少都可能發生一些事情。有的孩子一定會哭，有的孩子會為了玩具或朋友而激烈爭吵，而且至少有幾個學生會衝到老師那兒打別人的小報告，尋求老師協調。

優秀的幼稚園老師該怎麼做？她該怎麼處理所有的情緒問題、打架和衝突？她該怎麼在處理的過程中「教導」孩子做人處事的道理？你該怎麼把幼稚園老師知道的事情應用在家裡（你在家裡一定也會面臨孩子哭泣、一些爭執及許多衝突）？

事實上，一位優秀的幼稚園老師花很多時間幫助幼小學生學習處理情緒，以及解決他們自己的衝突，最後，她會**避免介入解決學生的問題，而是給與他們技巧與工具，讓他們自己找出解決的辦法。**

藉著學習技巧，你可以**幫助孩子學習如何在做錯事情時撫慰自己，開始尋找解決問題的方法**，自己處理衝突。但是首先應該幫助孩子：

- 學習了解情緒，並將它說出來——知道快樂、傷心、挫折、抱著希望、失望、興奮、驚訝或受傷時，看起來和聽起來是什麼樣子。
- 明白心情變化——心情是短暫性的反應，不會永遠持續。
- 知道心情和行動之間的不同——換言之，讓孩子開始了解所有的心情都是正常的，而對這些心情是否採取最好的反應，完全取決於他。

學分28 幫助孩子建立「心情字彙」，學習表達自己的情緒

孩子在兩歲的時候就能夠學習了解情緒，並說出不同的情緒。為了幫助孩子做到這一點，每天和孩子相處時，你可以開始說出自己的心情並加以解釋：「今天我們就要去遊樂場了，我好興奮！應該會很有趣。」或「當我必須加班的時候好失望，因為我是那麼希望準時回家煮晚餐。」

在進一步幫助孩子了解及說出他自己的情緒前，應該先確定他對於情緒有基本的認識，有時候幼稚園老師稱之為「建立心情字彙」，在認識情緒之後可以使用這種活動。

一旦孩子對於心情似乎已經大致了解，你們可以談談關於孩子自己的情緒。幼稚園老師在教室談情緒時，他們會避免只告訴孩子他有些什麼感覺。（記住，你並不是要控制或改變他的感覺，只是偶爾把這些感覺回應給孩子知道。）同樣地在家

裡不要說：「你很失望。」或：「你很悲傷。」可以說：「我看起來覺得你……」或：「我在想你是否覺得……」，而不要用斬釘截鐵的口吻說：「沒有理由那麼傷心。」只要反應出那種感覺即可：「你看起來好傷心啊。」

了解與說出情緒的錦囊妙計（二）

用情緒來唱歌

年齡：三~四歲

材料：不用

準備：不用

做法：用不同的情緒唱出一首你和孩子都很熟的歌曲，例如：〈小星星〉或〈黑羊歌〉（Baa, Baa Black Sheep），第一次用快樂的聲音唱，然後用傷心的聲音。你也可以用挫敗的聲音、受傷的聲音、害羞的聲音或興奮的聲音。如果需要的話提供線索和協助，讓孩子辨別感覺。

了解與說出情緒的錦囊妙計（二）

心情圖案

年齡：三~五歲

材料：索引卡、麥克筆

準備：在索引卡上畫簡單的圖案，顯示出不同情緒的臉譜（快樂、傷心、吃驚、困惑、挫折），或者使用本書第一六三頁的臉孔，將這些圖影印放大，以適合索引卡。

做法：跟孩子描述一個事件，要求他挑出可以顯示出當事人可能有什麼感覺的臉譜。

其他變化：指出書籍或雜誌上的人臉，要求孩子思考並判斷這個人有什麼樣的感覺。

表達情緒的錦囊妙計

彩帶棒

年齡：四～六歲

材料：工藝棒、膠帶、縐紋紙彩帶、不同節拍的音樂

準備：剪出六至八條十五英寸的彩帶，將這束彩帶的一端扭轉，再將這幾條彩帶扭轉過的一端用膠帶貼在木頭工藝棒的一邊。

做法：跟孩子解釋你將要跳不同類型的舞蹈，讓你的彩帶棒隨著音樂跳舞。播放不同的音樂，包括：快節奏、慢節奏、喧噪的、溫和的、輕柔的或深沉的。鼓勵孩子讓彩帶棒跟著音樂的節拍，在跳舞的時候問：「這首音樂讓你感覺怎麼樣？」或「你能說出符合音樂的一種感覺嗎？」

其他變化：將彩色的圍巾或絲巾釘在木尺上或木棍，也可以用膠帶貼。

學分29 讓孩子了解感覺是會改變的，引導他學習處理情緒

年紀小的孩子不見得有經驗去了解「感覺會改變」，而且有時候還可能一日數變。在教室或在家裡，孩子對於傷心或失望的感覺反應可能非常情緒化，因為他們不了解感覺是暫時性的，過不了多久他們就能夠再度感到快樂。傷心的感覺好像一輩子都會持續下去，因此引導孩子漸漸了解感覺會改變，這個非常基本的觀念，是幫助他了解及處理他的情緒的重要步驟。

有個可以讓孩子知道感覺會改變的方法是，增加簡單的提示：「感覺會改變。」、「我們不能去公園的時候你很失望，現在你在院子裡玩得很開心，感覺也改變了。」說明這點時不要太過於囉唆，也不要強迫孩子認同你的說法，只要讓他觀察這種變化，繼續進行活動即可。

在馬里蘭州的幼稚園教室，達拉．費德曼在不同情緒的情況下會使用孩子的照

片——快樂、挫折、傷心、孤單——製造情緒看板。她的學生會把他們的名字放在照片上面，顯示他們當天的每個時刻是什麼感覺，而且在感覺改變時移除名字。

了解心情改變的錦囊妙計（一）

臉孔與心情

年齡：三~六歲

材料：白色信封、索引卡、馬克筆、剪刀，膠水

準備：將信封的邊剪掉形成口袋，在索引卡的上半部畫上臉孔——可以包括快樂、傷心、困惑、想睡覺或逗趣。或者也可以將下面的心情臉譜影印放大，用膠水將每個臉譜貼在索引卡，在信封上寫下孩子的名字並加以裝飾。

做法：把裝飾好的信封掛在布告欄或牆壁上，有開口的口袋在上端，形成一個小袋。把「心情臉譜」索引卡放在附近，每天早上讓孩子選擇一張最能顯示他的感覺的臉孔卡片，放進袋子裡，有臉孔的那面朝上。鼓勵他那天如果心情改變了就變換臉譜。

其他變化：把有磁性的相框貼在冰箱上，孩子可以把心情臉譜的照片放進相框裡，需要的時候更換相片。

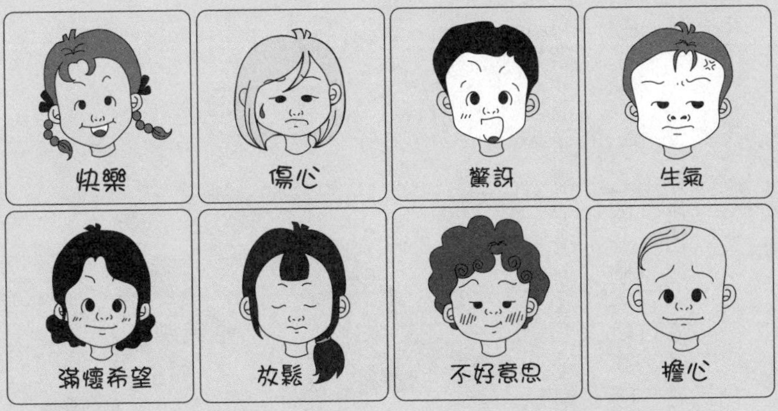

了解心情改變的錦囊妙計（二）

心情罐

材料：小魚缸、罐子、花瓶或裝飾用碟子、工藝棒

年齡：五~六歲

準備：在工藝棒上面畫出各種不同的心情臉譜，把這些工藝棒放在魚缸或碟子附近的籃子裡；可以在魚缸或碟子上標示「心情罐」。

做法：讓孩子把可以表示出他所感覺到的情緒的棒子丟進罐子裡，當天睡覺之前再把這些棒子集中在一起，重點只是要了解一天之內一個人粗略的情緒範圍。（每種情緒一定要準備好幾根棒子，這樣即使已經「使用過」快樂、傷心或興奮的臉譜，還有其他的棒子可供使用。）

學分30　協助孩子了解感覺和行為間的差異，並協助他解決問題

行動會引起感覺，但是感覺卻不能引起行動。

這是不同的領域，即使是對某些成人而言也很難成功地駕馭，但是**讓孩子了解他必須學習處理情緒的技巧以及解決自己的問題，是非常重要的。**

好老師強調的道理是：感覺和行為之間是有所差異的，孩子很可能根據別人對他的行為而感覺快樂或傷心、失望或興奮，但是那種感覺無法使他做任何事——他決定做的事情。

你可以用兒童故事書來說明感覺不同於行為的觀念。老師經常念故事給他們的學生聽，並且談到故事中的角色有什麼樣的感覺，以及他們如何採取行動。在你講故事給孩子聽之後，和孩子一起討論這個故事。「小火車看到大山丘的時候，感覺怎麼樣？」然後再問：「他做了什麼？」

要幫助孩子將他的感覺和行為分開，首先應該協助他認清感覺，然後引導他採取幾種可能的行為。「你想和那個洋娃娃玩耍，但看起來好像很傷心的樣子。你要問問凱特是否可以輪流玩，或我們去找別的洋娃娃來玩好嗎？」

在事情發生過後，你也可以溫和地引導孩子，指出他的感覺、他所選擇的行為，以及其他可能的選擇：「當你沒有機會玩洋娃娃時看起來好傷心啊！我在想如果你要求凱特和你輪流玩，結果會怎麼樣？」

學分31 當孩子在挫折或沮喪時，引導他學習自我安撫及放鬆

了解情緒與實際上的傷心、生氣或失望的感覺當然有所不同，孩子在事情不對勁時，很自然地尋求周遭成人的安慰。就小孩子的情緒安全感而言，或許在他感覺孤單的時候，知道有人陪伴著他是最重要的。

然而，在孩子比較能夠認清及了解自己的情緒時，讓他學習一些自我安撫的技巧也是很有益處的。為了幫助孩子學習自我安撫的技巧，在你安慰孩子時，也可以教導一些他自己能夠做的方法。

下面這些自我安撫的技巧，通常用在避免孩子耍賴的情況，或在幼稚園教室裡處理遽升的挫折：

- **當孩子開始覺得挫敗或沮喪**（不過必須在他還沒完全耍賴時），**建議他喝些**

水或去洗洗手。水對於年紀小的孩子而言，往往是種天然的安慰劑。

- 如果孩子能接受撫摸的話，這種方式的安撫效果非常好，而且也非常重要。在教室裡當孩子感到難過，老師可能會摸摸他的手臂或肩膀，然後問：「我可以做什麼事情來幫助你嗎？」老師可能摸一摸或握著孩子的手，或是一邊把手放在孩子的背部，一邊安撫說：「我們可以一起做這件事。」在家裡，你可以撫摸孩子的背部或按摩他的肩膀，或抓抓他的背。

如果這一招對孩子有幫助，你還可以教他自我按摩的技巧。讓孩子伸一伸他的雙腿並且加以撫摸，或是撫摸雙臂。同樣地，你可以教孩子「給自己一個擁抱」，用雙臂環抱著自己的身體。但是在**觸摸孩子的身體時應該尊重他的接受度，有些孩子在感到挫敗或情緒不好時，就是不喜歡別人摸他。**如果孩子把你推開或指出這種方法沒有效果，**應該尊重他的接受度**。

- 編出一首短詩或繞口令，讓孩子在受到壓力的時候，用來讓自己冷靜。（萊絲老師家裡用的是：我做得到！我沒問題！什麼事都難不倒我！）
- 一旦有個小孩明顯受到安撫（最初的壓力情緒已經消失），好老師發現給孩子一項簡單的工作來確定這個孩子又回到正常軌道，會有所幫助，而且產生好的內在紀律感。你可以讓孩子玩簡單的謎語、將零零散散的鈕扣整理成堆、數錢幣，或是將積木堆積成簡單的塔狀。跟孩子解釋為什麼要他做這件事，告訴他處理完強烈的情緒之後，給自己一項簡單的工作是個不錯的辦法。

俄勒岡州老師賈姬．庫克有個「安全臉譜」擺在教室旁邊，安撫那些覺得就要失控或情緒不好的學生。她還準備一個籃子，裡面裝著可以擠捏的壓力球和小的填充動物，而且她在每個填充動物身上貼小標籤，提示學生她所教導的各種壓力抒發及自我冷靜的技巧，學生們已經練習了整個學年，例如：「緊繃與放鬆你的肌肉」、「從一百開始倒數」或「想像一個令人冷靜的地方」。孩子們如果情緒失控，偶爾可能被要求到「安全的地方」，或自己選擇去其他地方。

萊絲老師和班上同學討論過放鬆的技巧後，她在教室裡貼出一張表，這樣寫著：

當你感到挫敗時，應該：

- 走到教室其他地方去做新的活動。
- 要求暫停一下，去喝個水或上洗手間。
- 數到十。
- 去找老師或其他成人。
- 拿出日記本寫下你的心情。
- 到圖書中心拿出一本書和枕頭。
- 呼吸、呼吸、呼吸。

舒緩孩子挫折感的錦囊妙計（一）

舒適的角落

年齡：三～六歲

材料：大絨被、小毯子或枕頭

準備：和孩子一起找個安靜、遠離令人心煩的地方，例如：房間角落、沙發後面或桌子底下。在這塊地方放一條小毯子或枕頭，也可以增加一台CD，播放輕鬆的音樂。

做法：跟孩子解釋這個地方的目的，讓他看看這裡有多麼平靜。建議孩子哪些時候可以使用這個地方（絕對不能強迫孩子去使用這個地方，也不可以把那裡當成處罰的地方。）

舒緩孩子挫折感與壓力的錦囊妙計（二）

滴雨棒

年齡：三～六歲

材料：長長的硬紙板管子（也可以用禮物包裝紙捲成）、乾米粒（約四分之三杯）、麥克筆、塑膠包裝紙、膠帶、橡皮圈

準備：和孩子一起把管子裝飾成喜歡的樣子，將一端用塑膠包裝紙蓋上，再用膠帶固定。放一、兩條橡皮圈在塑膠包裝紙那端使它牢固，再從開口的那端倒進米粒，用塑膠包裝紙把開口那端密封起來，貼上膠帶、套上橡皮圈。

做法：示範給孩子看，當硬紙管倒過來時，米粒會像下雨一般從一端掉落到另一端。如果將硬紙管慢慢傾斜，米粒會緩緩、輕輕地掉落；如果將硬紙管快速傾斜，米粒會急速、大聲地掉落。當孩子覺得有壓力時，你可以建議他聽聽滴雨棒令人舒緩的聲音。

放鬆／紓解焦慮的錦囊妙計

吹氣球

年齡：三～五歲

材料：不用

準備：不用

做法：如果孩子緊張、生氣，或覺得情緒快要失控，跟他說現在是吹氣球的時候，然後假裝抓住氣球在嘴巴吹氣。讓孩子做同樣的動作，讓氣球愈來愈大、愈來愈大。每次在假裝氣球愈吹愈大時，吸氣並用力吹，然後「啪」一聲，氣球掉到地上。需要的話可以重複再做一次。

其他變化：選一瓶氣味令人平靜（例如：薰衣草）的乳液當作是「鎮靜霜」或「放鬆乳液」，教孩子在他覺得沮喪的時候，如何把這瓶乳液塗抹在雙臂或雙腿上，讓他在享受鎮靜氣味的同時幫自己稍加按摩。

教導、使用放鬆與想像的技巧

在孩子真正需要使用這些技巧前，教他們放鬆自己的身體以及舒緩焦慮，是很重要的。曾擔任特殊教育老師及音樂專家的派蒂・提爾（Patti Teel），因為致力於教導父母親如何使用放鬆與想像的技巧來幫助孩子進入夢鄉，而被稱為「造夢人」。她常常拜訪幼稚園教室，幫助年幼的孩子學習放鬆與想像的技巧。

為了傳授這些技巧在家裡使用，提爾老師建議父母親應當先教孩子如何將全身的肌肉緊繃然後放鬆。有個有趣的辦法是，讓孩子想像自己是個牽附在一條線上的木偶，然後說出他應該緊繃和放鬆的身體部位，首先從頭部開始，然後漸漸往下到腳趾頭。或者你可以讓他把自己想像成一尊雕像，身上每處肌肉都硬得像石頭一般，然後慢慢將肌肉放鬆。孩子應該保持肌肉緊繃幾秒鐘時間，之後才完全放鬆。

下一步是教導孩子集中在他的呼吸。提爾老師有時候首先會讓孩子將手放在他們的胸口感覺心跳，然後有時候引導他們經歷一種運動，想像他們所喜愛的東西在心裡：他們自己、他們同學（周遭的人們），還有這個世界。然後她要求孩子去感受每一口吸進體內和呼出體外的空氣。有時候她讓孩子想像他們肚子上有小小的重量，每次呼吸的時候感覺體重上升、下降。或者她會要求孩子們想像肚子裡有個氣球，感覺到氣球在他呼氣的時候擴張、吸氣的時候變平坦。

「孩子們首先應該學習如何放鬆他們的身體，然後可以學習如何以想像來放鬆自己。」她解釋道。

想像的技巧包括讓孩子想像待在一處平靜的地方，也許是安靜的沙灘或到天空上的雲朵，想像基本上是幻想關於冷靜與放鬆的事情。提爾老師曾經把想像的情節寫下來，包括進入一座森林，在一條河上飄流，或是像一顆種子般漸漸長大。

派翠絲．麥克雷莉老師在她肯德基州的教室裡運用簡單、日常的方法教孩子學習應用呼吸與想像的技巧。

「有個例子是，如果我們吃午餐的時間有點晚了，而我在忙碌的活動之後，沒有時間把孩子們集合在一起，」她說道：「很快地，我讓他們閉上眼睛，深呼吸三次，然後我讓他們想像自己正坐在非常舒服的餐廳和一個朋友吃飯。我發現這一招幫助非常大。」

如果孩子對於放鬆和想像的技巧反應很好，你可以在他們感到挫折或焦慮的時候，教他們使用這些技巧，步驟應該是：

⑴緊繃和放鬆肌肉使他的身體平靜下來。

⑵然後專注在呼吸上，深呼吸之後平穩地呼吸。

⑶想像自己身在一個安靜、放鬆的地方。

請記住，這些技巧有時候應該教孩子在平靜、可以接受的時候加以練習，而不是在他已經神經緊張或情緒失控時才傳授。

老師和家長碰到挫折時

在你挫折感愈來愈重時，也應該使用幾個能使你舒坦的簡單技巧：跟孩子解釋：「我需要獨處一下。」然後走到外面一會兒或走到窗戶邊，或者聽點輕鬆的音樂。

提爾老師建議，把自己想像成「沉默的證人」或「冷靜的觀察者」，站在超然的立場觀察，不要生氣或判斷。在情況需要冷靜反應時，使用這個技巧，不要貿然採取行動。另一種技巧是，想像孩子的眼睛上面、額頭的地方貼著一面小鏡子，當你感到自己挫敗或失控時，想像自己浮現在那面鏡子上，明白那就是孩子所看到的。努力表現出你希望孩子看見的一面。

如果你發現自己對孩子保持耐心一直都有問題，每天寫下孩子十件正面的事情將有所幫助，有時候老師對於那些不斷考驗他們的耐心的孩子，也會採取這個辦法。每天晚上記下這些事情，或一個星期至少寫一次。採取這樣的行為——把焦點放在孩子的長處上——幫助你用不同的角度輕鬆看待孩子，同時用不同的方法回應，那樣對於他的自我形象，和行為都將產生正面效果。

同樣地，你可以**在家裡顯眼的地方，貼一張自己和孩子快樂、和諧時刻的照片**，每天看見這張照片可以幫助親子雙方調整自我形象和反應——起碼會引起你的笑容。

在肯德基州，麥克雷莉老師都會使用她平日教導學生的那些放鬆技巧。「我展露笑容、深呼吸和想像，換言之，我練習平日我所傳授的技巧。」她說道。「每天都會發生有趣的事情。在我到達學校時感到有點疲倦的那幾天，以及接下來一個星期每天下午都得開會，有時候我從停車場的車子裡踏出來時，發現自己真的很需要戴上一張笑容，『我運用這些技巧之後，終於偽裝出來』，到了孩子踏進教室門口的時刻，我的臉上露出真誠的笑容，準備以擁抱來迎接每個學生。」

學分32 練習用不同的方法解決問題，以激發創意思考和自信

在教室裡，好的幼稚園老師每天都會整合孩子的問題並引導孩子找到解決的技巧，你也應該設定目標，教導孩子對他的問題找出解決辦法，而非期待你為他們解決。這裡有兩個重點必須牢記：⑴你必須幫助孩子了解，他可能有辦法自己解決的問題，以及需要別人幫忙的問題，這兩者之間是有差別，⑵在解決問題的過程中，你需要引導孩子，幫助他說出問題及可能的解決方案。

在教導問題——解決技巧時，好的級任老師發現一個很有幫助的技巧，那就是剛開始的時候，並不去碰觸實際解決糾紛的事，而是讓他們進行腦力激盪，像是找出物品的不同用法，或做點不一樣的事情。在家裡你可以要求年紀小的孩子想出使用空鞋盒的五種辦法（他們可能決定在盒子裡儲藏玩具、將盒子鑿洞放在沙坑裡玩耍、當成餅乾盒、在裡面放舊鞋子，然後扔掉或用來裝禮物），答案並不是重

點——這個辦法主要是要**訓練孩子善於用不同的方法處理事情，並且激發孩子的創意思考和自信心**。

下面是其他幾個用來做這個練習的點子，動動腦筋想出五個方法來：

- 說再見
- 把濺出來的水擦掉
- 愛護小狗
- 使用空的奶粉罐
- 使用空的衛生紙捲筒

一旦孩子漸漸善於腦力激盪，你可以和他談談可能面對的問題，以及解決辦法。

在萊絲老師的幼稚園教室裡，當她開始進行任何新活動之前，會先花時間在解決問題上。例如：在開始第一組「地毯時間」前，她會先問學生，在地毯上有哪些種情況下可能引起問題？孩子們可能會說：「有人推擠我的時候。」或「有人講話。」、「有人擋住我的路。」她把每個可能的問題都寫在一張大紙上，標題為「在地毯上」，團隊覺得應該只能由大人來處理的任何問題，就在上面用紅色麥克筆劃個星星記號。（例如：「有人流血了」、「有人不舒服」或「有人在哭」）

作為一個團隊，他們接著對於其他問題繼續討論及採行可能的解決辦法。採取解決辦法的行動是教導「問題——解決」技巧的重要關鍵，不管是作為團體或個人，他們會練習大聲說出用在處理問題的一些詞語。

例如：如果問題是「有人一直跟我講話」，這個團隊必須先找出解決辦法：面向相反的方向數到十，不要和那個人講一句話。「我們討論：如果這個辦法有效，我們的問題就解決了！」萊絲老師解釋道：「否則，我們就得再想想其他法子。」

接下來，他們可能嘗試解決辦法，說：「別再說話了，我想要聽講都聽不到。」學生們用冷靜、堅定的口吻練習說這段話。他們再一次討論，如果這番話奏效，多嘴的那個小孩閉上嘴巴不跟他們說話，他們的問題已經解決了。如果沒有，他們應該再試試看。

另一個解決辦法是：我會往前走到前面、後面、左邊或右邊，離開那個地方。如果有老師注意到我這種舉動，或問我為什麼走來走去，我會說：「我覺得很困擾，我得走開一下。」後來那群學生不僅練習走來走去，如果被老師問為什麼這樣時，他們的說法也如出一轍。

如果這個辦法行得通，問題就解決了，如果以上三個可能的解答全部失敗，就應該求教他人。對於尋求他人幫助以解決問題方面，萊絲老師給學生一個原則：「試過三個辦法之後，再來找我。」

他們這個團體在學年的最初幾星期重複練習「問題——解決」的過程，每次都將焦點放在不同時間或教室區域，他們製作表格，顯示下面這些情況的可能解決辦法：

- 可能在團體地毯產生的問題
- 在浴室裡的問題
- 可能在我們桌子上發生的問題
- 在餐廳的問題
- 在遊戲時間發生的問題
- 下課時間在戶外的問題
- 排隊或在走廊的問題

在家裡，你可以研擬類似的清單，列出孩子在一些時段可能發生的問題：當朋友來家裡玩耍時、孩子去遊樂場時，或是他的弟弟想要拿他正在玩的那個玩具。

下面這些例子，可供做你為孩子列出問題的表格。

在朋友家裡

- 朋友的玩具一個也不讓你玩。
- 你拿到的食物是你不喜歡的。
- 你突然很想念家裡或想要回家。

在雜貨店裡

- 你被告知不能買你非常想要的那樣東西。
- 你的父母親正在跟別人講話，你等了好長一段時間。
- 你迷路了。

朋友來家裡

- 朋友想要玩一個對你非常重要、特別的玩具。
- 朋友想要做件在家裡不允許你去做的事情。
- 你弟弟不肯讓你和朋友單獨在一塊兒。

記得要：

1. 討論可能會發生什麼問題，並且把問題寫下來。
2. 判斷這個問題是否能被孩子獨自處理，如果可以，思考可能的解決辦法並付諸行動。
3. 考量這個解決方案是否可能成功，如果不能，再想想別的法子。

在家裡和孩子練習「問題——解決」技巧時，教導他可以使用的特別語詞或片語是很重要的，例如：在某人想要拿走玩具時，你可以說：「你要告訴他住手，跟他說你還要玩那個玩具。」

萊絲老師也將每個問題寫在紙條上，並將這張紙條放進班級「問題——解決罐」裡面，有空的時候她會從罐子裡拿出紙條，讓孩子對問題的可能解答再次付諸行動。你在家裡也可以這樣做，每天晚上和孩子進行一、兩個問題，但是其中一定要包括需要大人幫忙的問題，如此孩子才能了解，某些問題並沒有被期待他能自己解決。

在夏威夷，寶琳．潔洛克絲讓學生角色扮演每件事，從學校日開始到解決在遊樂場發生的爭執。「你會怎麼對一個惹你不高興的人說『不要這樣』？」她問道。「不要只是嘀嘀咕咕地說：『住手、住手、住手』，你必須看著他們的眼睛說：『住手，我不喜歡你那樣做。』我們練習每天會發生的事情，這只是基本的動作。例如我們即將練習：『假裝他在遊樂場打了你。我們就會練習這樣說：如果發生意外事件怎麼辦？』**在教導解決辦法時，不只是要練習，還得角色扮演。**」

在你和孩子練習過「問題——解決」技巧後，當孩子有問題來找你，或發出怨言時，下面提供幾個技巧給你做為參考：

- 只是問：「你怎麼解決這個問題？」然後聆聽孩子的反應。他心裡面可能已經想出自己的解決辦法，只是需要把這件事告訴你。在這種情況下可以認同他的作為：「做得好!我就知道你自己辦得到！」可是萬一他聳聳肩膀或沒有回應，你應該給他一些選擇：「思考一下，你是想要就這樣不管他的干擾，還是告訴他不要這樣。如果在你處理事情時，希望我就在附近，讓我知道。」

- 建議孩子把事情寫在紙上，畫個能表達出問題及他感受的臉孔圖案，然後你們一起坐下來看這張圖，並且共同討論。孩子可以對於這個問題畫出幾個可能的答案，或者你們一起把這些答案寫下來，或只是談論也可以。

幼教老師的小叮嚀

教導解決衝突的基本原則

我們也應該教導孩子解決問題的基本步驟，或許可以在一個固定的地方使用這種技巧。老師們在教室裡使用問題的解決辦法時，通常會用到這種基本模式：讓雙方在一個安靜的地方見面，每個人把問題陳述出來，一次一個人。然後想出解決問題的點子，一旦他們找出雙方都喜歡的辦法，他們會同意用這個辦法試試看。

在萊絲老師的教室裡，她將教室角落一張小點心桌定為「和平桌」，孩子可以在這張桌子上，使用解決衝突的技巧。解決衝突的過程張貼在那裡：

1. 描述問題。
2. 想出解決的法子。
3. 決定一個你們雙方都喜歡的辦法。
4. 試試看這個辦法。

讓孩子明白，一次只能由一個人說話，另一個人應該專心聽，這件事情非常重要。在萊絲老師的和平桌，她有隻很珍貴的鉛筆供「說話」的那個人握著，然後輪到另一個人講話時就把鉛筆交給他。

在家裡，你可以將解決衝突的技巧，運用在鬥嘴的兄弟姊妹身上，或用在玩耍時各不相容的玩伴上。記住，當孩子運用解決衝突的技巧，之後務必要有一個成人追蹤他們，看這個辦法是否奏效。

和孩子練習解決問題的錦囊妙計

「挑出」一個解決辦法

年齡：四～六歲

材料：帶梗的塑膠或絲質假花；花瓶或花盆；米粒、沙子或彈珠；紙條；膠帶

準備：對於常見的問題，把各種答案寫在小的紙條上，把一張紙條貼在每枝花梗上面的的部分，將花瓶或花盆裝上沙子、米粒或彈珠，再把這些花插進花瓶或花盆。

做法：當孩子告訴你某個需要解決的問題時，讓孩子「挑選」一個解答。如果他挑到不喜歡的解答，或解答沒有效果，可以再挑一次，直到找出適當的答案為止。

其他變化：用瓦楞紙板做出花心、花梗和花瓣。在每片花瓣上寫下解決辦法，然後用膠帶將它們貼在花梗，再用膠水貼在紙上或布告欄上，然後掛在

公共區域。當孩子有問題找你時，讓孩子「挑選」上面寫著解答的一片花瓣。他可以試試看這個辦法，也可以再挑選一個。

藉由故事處理情緒和衝突

另外一個有助於孩子想出解決辦法的對策，就是說故事。小孩子很喜歡聽故事，特別是由他們所喜愛的人所編出來的故事。我們在本章稍早提到的賈姬・庫克老師，剛開始是為她的小孫子把故事寫下來，現在則把那些故事用在課堂上講給她的幼稚園學生聽。

在庫克老師的故事，她總是把自己和姊妹想像成和故事主角一樣的小孩子。她們通常會克服一些障礙或學習重要角色的特質，而且她的故事往往設計成「故事中的故事」，例如：有個小男孩開學後在一間新教室裡飽受折磨，老師告訴他有關她和妹妹如何學習到「堅持不懈」的意義。

在你為孩子編故事時，庫克老師建議，盡量把你小時候調皮搗蛋的事情講出來。**「當孩子知道某個他們崇拜的人能承認自己並非完美的**（大人也曾經像他們一樣是個小孩子），**有助於孩子聯想在一起，並且感覺好過些。**

庫克老師同時建議，盡可能將孩子的想法和建議都包括在故事中。庫克老師和孩子們共同編造故事，在教室裡，如果有孩子中途插嘴或提出問題，她就會把這些情節編進故事中。

她也建議在講完故事之後再加以談論。她的故事包含討論問題，利用這些問題來和學生分享她的親身經驗，之後，學生們回到他們的桌子上，在日記本上寫下一些他們個人的故事。

下面是幾個編造自己故事的其他幾項原則：

- 雖然孩子喜歡「認識」故事中的角色，最好還是不要用自己的孩子當成故事中的主要角色，因為這樣會讓孩子覺得是在威脅或控制他。
- 讓「解決辦法」保持正向，而且對孩子有幫助，例如：你不應該編一個關於不聽媽媽話的小男孩，後來受到嚴重傷害的故事。

如果編造自己的故事，讓你覺得渾身不對勁，另一個有趣而且簡單的技巧是，把編故事當成遊戲。在孩子約四歲大時，你和孩子可以開始一起玩「故事接龍」。剛開始由孩子創造一個角色，你可以製造這個角色所面臨的問題來增加詞句，讓孩子描述這個角色遭遇問題時的感受，然後由你創造出解答，最後以孩子抒發感想作結。

故事看起來可能會像這樣：

小孩：從前有隻叫丹尼的海豚住在大海中。

大人：丹尼不知道怎麼游泳。

小孩：不會游泳使得丹尼傷心極了。

大人：所以有一天，丹尼去YMCA報名參加游泳課。

小孩：丹尼覺得好不驕傲。

記住，故事的模式應該類似這樣：**小孩**：**角色**。**大人**：**問題**。**小孩**：**感覺**。**大人**：**解答**。**小孩**：**感覺**。等到你們玩過幾次之後，可以彼此互換角色。

搬弄是非或解決問題？

最後要注意的是，每天在教室裡，老師會面臨類似這些問題：

「梅狄森玩了積木之後沒有收拾好。」

「傑克罵艾力克斯豬頭！」

「弗瑞迪在故事時間不注意聽，他在玩他的手錶！」

基本模式為：某人做了某件事，別人稱這件事為說別人隱私，因為「不能當告密者！」或「那是在搬弄是非。」但是好的幼稚園老師了解這是朝向解決問題的途徑的另一個步驟，而且當事人也應該受到尊重，而非受到貶損或打壓。

如果孩子過來跟你抱怨某某人的行為，那是他表達某件事不「公平」，或他知道某人沒有表現出應有的行為，這是孩子擺脫以自我為中心（把他們自己當成是世界的中心）的其中一個方法，逐漸對於別人的行為與觀點產生意見。

身為孩子的引導者，你應該幫助他了解，什麼情況下的問題是他能解決的，什麼情況下這個問題應該讓大人注意，又什麼情況下大可不必理會那種行為，繼續做自己的事情。但是要知道，這些道理可沒有那麼容易明白，因此應該准許孩子向比較有經驗的大人請求協助。

從另一角度來看：作為成人的你，有時候面對的問題是超乎你的權威所能解決的——如果你看見一個人醉醺醺地在馬路上開著車子，較安全也較有效率的做法是打電話請警察處理，而不是追逐那個酒醉開車者，把他攔下來、拿走他們的鑰匙。或者想像如果你下班回家，告訴另一半今天你和同事鬧得不太愉快，你應該不會期望另一半去告訴老闆或幫你找個新工作、幫你打電話給治療師，而且一定也不希望另一半回答：「那是在搬弄是非。」

有時候孩子碰到問題來找你，因為他們沒有能力或權威自己解決問題；有時候他們會跟你發一些牢騷，他們只是需要有個講話的對象而已，對於這些需求應該予以尊重。

如果孩子告訴你的問題是他自己就能夠處理的，你應該回答：「聽起來有點棘手，你要怎麼處理？」如果他在抱怨某件事情，你可以告訴他：「真是委屈你了！很高興看到你仍然那麼冷靜！」

我們花了很多時間教孩子自己吃飯、自己穿衣服、自己上廁所，以及自己閱讀。我們希望孩子經過我們的教導、練習及做榜樣而熟捻這些技巧，為什麼訓練孩子解決問題就應該不一樣呢？

誠如席雅老師所說的：「如果孩子不會自己綁鞋帶，你就不應該以綁鞋帶作為處罰方式，你得繼續教他怎麼綁、多加練習，並且示範給他看。」就像其他種能力一樣，**「問題——解決」技巧必須經過教導、練習及強化。**

筆記

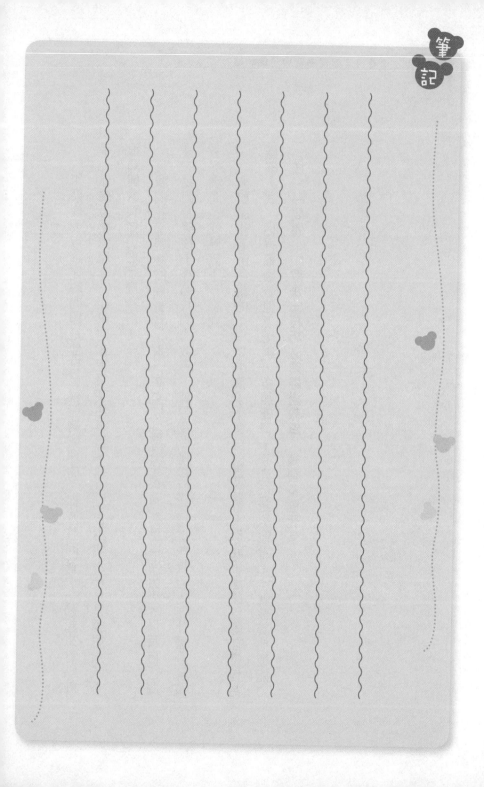

第八課

玩遊戲是孩子最重要的「工作」

◆ 玩遊戲是孩子觀察與了解這個世界的方式
◆ 透過遊戲可使孩子更了解自己，並增進語言及讀寫能力
◆ 父母投入孩子的遊戲世界，能使他更具想像力及創意
◆ 藉由玩遊戲來指引孩子度過壓力及難關
◆ 引導孩子學習社交技巧，透過玩遊戲結交好友
◆ 參與孩子的遊戲世界，建立彼此間的信任感

學分 33 玩遊戲是孩子觀察與了解這個世界的方式

每個人都知道小孩子喜歡玩，為什麼呢？僅只因為玩耍是度過時間的一種有趣方法嗎？一種分散注意的方式？或另有其他好處？

最優秀的幼稚園老師了解，年幼孩子和遊戲間有著深度、重要的關係，亦即遊戲對於年幼的孩子而言絕對是不可或缺的。事實上，要一個健康的孩子不去玩耍，幾乎是不可能的。

孩子與遊戲間的關係被形容為：遊戲就像是孩子的工作，或者更有名的說法是，遊戲是童年的工作。儘管這種解釋是在強調遊戲有多麼重要，卻也把事情弄混亂了，使得較難以掌握遊戲在孩子生活中扮演的角色。沒錯，成人通常必須工作，而且把他們的工作視為必需的。然而成人的工作是例行事務、可預期，或做不完的，恰好和遊戲之於孩子的性質相反。

寫這本書時我快速檢視一下孩子和遊戲之間的關係，我最小的女兒樂希莉

（Lucille）被診斷出有先天性心臟缺陷，兩歲的時候便接受心臟手術，當她手術後清醒過來，躺在醫院病床上的她，身上還插著管子和監視器，頭一個問題就是：「我可以下床玩嗎？」

當然她還不能玩，可是當她身體逐漸康復到能夠下床了，剛開始是在我念故事時，笨拙地坐在我懷中，最後終於進去參觀醫院眾多遊戲室的其中一間。那時她身上還繫著移動式心臟監視器，小心翼翼地移動著，她挑起一個小小的塑膠「女孩」，讓她在娃娃屋裡走來走去。那次到遊戲室對樂希莉來說是個轉捩點，當又能夠投入不可或缺的遊戲後，痊癒的速度甚至更加快速，一天前往遊戲室好幾趟。

她在一間非常頂尖的兒童醫院接受治療，該醫院顯然很了解遊戲對孩子生活中的意義。醫院的遊戲室有條非常重要的規定，真正的原則是：醫生、護士或技師都不准進來遊戲室對孩子施行任何醫療行為，他們不能量血壓、不能給與藥物，甚至不准在那裡幫孩子量體溫。遊戲室是讓孩子感到安全的地方，遊戲不僅是讓孩子從「真正的」醫療事務分散注意的方法，**遊戲本身原就具有價值及治療的功用**。

看著樂希莉遊戲，看著她東倒西歪地餵和她一樣穿著病服的洋娃娃吃東西，於是我明白孩子的遊戲猶如成人的工作，如果這個成人的工作是畫畫的藝術家，或是作曲家。孩子藉由遊戲來感受他們的世界，這是受內心深處、直覺與創意的驅使。一位畫家或許會從醫院病床上衝到畫架，他的病情會在那裡加速痊癒，但是多數成人的工作並沒有接觸到繪畫。**遊戲是孩子觀察與了解這個世界的方式**——如何控制他們還無法發揮影響力的事物，如何了解他們自己與他們的熱情，如何成長、適應與變得能幹與強壯。

幾天後，樂希莉出院回家，我帶著四歲兒子傑克去學校接當時七歲的大女兒瑪雅。那是個美麗的秋天下午，瑪雅和傑克以及她最好的朋友凱特，在學校附近的空曠原野四處奔跑，他們開始玩一種類似這樣的遊戲：一個人躺在地上，其他兩個孩子就斜靠在第一個孩子身上，然後躺在地上的孩子爬起來，伸直雙手，在原野上追著其他兩個孩子跑。被抓到的那個人後來得躺在地上，重複先前的步驟。

當我呼叫孩子們回到我這兒準備回家，瑪雅說：「我們正在玩有史以來最有趣的遊戲！」她解釋這個遊戲叫做「心臟手術」，躺在地上的人是病患，另外兩個人是醫生，他們靠在病患身上要從他的身體摘除心臟，接著病患會以類似殭屍的姿勢起來，追逐醫生。

我遲疑了一下，她看起來很快樂，而且顯然玩得很高興。但是對我而言，重要的是她和弟弟了解很多關於樂希莉手術的事。我原本非常擔心這次手術對他們的影響很大，他們會怎麼想？他們會受到什麼樣的驚嚇或煩惱？我開口說了些話，然後停頓了一下，瑪雅立刻插嘴。

「我們知道真正的心臟手術，其實不是這樣進行的，」她快樂地說道：「只是這樣真的很好玩。」於是我知道擔心是多餘的，孩子用他們自己的方法，透過遊戲對手術表現他們的見解。

學分34

透過遊戲可使孩子更了解自己，並增進語言及讀寫能力

好老師每天在教室裡看到遊戲的重要性，他們透過遊戲來教導小朋友，他們透過遊戲來了解學生，而且他們幫助學生透過遊戲來了解自己和每個人。

遊戲真的很簡單，然而由於遊戲對許多不同的層面如此之重要，身為父母的我們有時候卻感到困惑，甚至不知所措。因為幼小的孩子透過遊戲來學習，我們自然而然就認為應該利用孩子的遊戲時間來教導他們——顏色、字母、形狀、文字等等。我們有電腦程式來幫助，而幾乎店裡的每個玩具也有個「聰明的」電腦晶片來教導重要的事，如果這樣還不夠的話，還有音樂課、球隊，甚至遊戲課程，每個星期你可以為孩子規劃遊戲時間（和學習）。

但以上這些都不是好的幼稚園老師所談論的真正遊戲。儘管老師確實幾乎都把遊戲結合在他們的教室課程中——換言之，他們的課程是以遊戲為基礎——當他們

談論遊戲的價值，往往會提到所謂的「真正的遊戲」（或「自由玩耍」或「孩子主導的遊戲」）這回事，這些名詞是老師用來說孩子在遊戲時，應該運用想像力的方法，而且應該積極參與創造遊戲，而非被動地回應他人的鼓吹，或在既定的限制範圍內進行遊戲。

遊戲和玩得開心不見得是同一回事。音樂和體育課對孩子來說是有趣也是有益處的，可是和真正的遊戲又不完全相同。同樣地，體育運動也無法符合真正遊戲的定義，而電腦遊戲同樣不行，儘管所有這些事情對孩子有益處。

對於真正的遊戲很投入的孩子可能會用積木堆成建築物，為動物玩具做成動物園，或為賽車做成道路。他可能把遊戲麵糰切成假裝的派，然後假扮成糕餅銷售員推銷他的派。遊戲包含一個想像元素，而這種遊戲可以指引他朝著他原本想像不到的方向。對他的遊戲而言，沒有真正的開始或結束，因為遊戲是如此的有彈性。

「真正的遊戲」這個觀念是如此重要，因此美國小兒科醫學會在二〇〇六年發表政策聲明，強調保持這種型態的遊戲作為童年必要部分的重要性。美國小兒科醫學會報告指出「遊戲對於最理想的兒童發展極為重要，因此遊戲已經被聯合國人權委員會（the United Nations High Commission for Human）認為是每個兒童的權利。

美國小兒科醫學會報告建議「孩子在玩積木和娃娃時，會充分運用到想像力，太過『被動的』玩具所需要的想像力有限」，此外還表示「和孩子的相處時間未經過刻意規劃而是出於自然的父母，可以充分支持孩子，生活更充實也更有活力。」

幼教老師的小叮嚀

如果你有一個以上的孩子

花時間單獨和每個孩子玩耍是很重要的，而全家人一起玩也同樣重要。了解孩子可能有不同的興趣和能力，但是要盡量找出大人、小孩都玩得很開心的幾個遊戲或活動。

為什麼你應該和孩子一起玩？

儘管真正的遊戲是由孩子來主導，但是必須注意，這並不表示「沒有成人參與」。最優秀的老師不會把孩子的遊戲時間視為讓他們自己玩，趁此機會批改作業或忙著做文書工作的事情，最優秀的老師會盡可能試著做到起碼每天都陪孩子玩，利用遊戲的機會和他們做有意義的一對一互動。

孩子遊戲的本質能給你一扇巨大的窗口，了解他的思維以及待人處事的方法。和孩子一起玩能教你更多關於孩子的事情——給你更多機會影響孩子的行為和成長——比起其他任何的親子互動學到的還多。（這種了解或許可以追溯到久遠以前柏拉圖所說的：「和一個人玩一個鐘頭的遊戲，比起和他交談一年，所發現到的事情更多。」）

和孩子玩遊戲的時候，可以試著去注意他對遊戲所訂立的規則有多細。這個遊戲豐富、有想像力，還是讓孩子難以創造遊戲玩法、很難完全投入在遊戲中？**孩子賦予遊戲的精細度透露許多有關他的專注力程度、適應不同學習環境的能力等事情。**

美國幼教學會對於幼稚園班級適當發展方面表明其立場宣言：「研究顯示，社會戲劇遊戲對於三至六歲孩子，**是非常重要的學習課程內容的工具**。當老師為**遊戲提供主題架構**，給與遊戲道具、空間和時間，**並且對於孩童的點子加以延伸及精細化，可以增進孩子的語言能力和讀寫能力**。」

這也是為什麼幼稚園教室裡總是充滿了許多遊戲道具，以及為什麼老師建議把遊戲「提高層級」的原因，他們把遊戲變得更多樣化、複雜而細緻。下面我們列出幾個訣竅，你在家裡也可以採用同樣的原則；此外，和孩子一起玩時，你可以：

- 幫助孩子度過困難或有壓力的狀況。
- 教導他和別的小孩一起玩的基本相處之道——如何結交朋友及如何成為朋友。
- 告訴孩子可以信任你，因為你是照顧他、關注他，而且也是他可以依賴的人。

遊戲的層級

要了解孩子的遊戲，首先應該知道遊戲有其層級和階段，這樣對你會有所幫助。早在一九三三年，心理學家蜜兒瑞德・巴坦（Mildred Parten）就將遊戲區分為六個層級，根據她的說法，學齡前兒童會連續經歷幾個進展過程；她的分類有無所事事行為（unoccupied behavior）、旁觀行為（onlooker behavior）、單獨遊戲（solitary play）、平行遊戲（parallel play）、聯合遊戲（associative play）、合作遊戲（cooperative play）。這些層級數十年來經過研究、修改與重新定義，但是基本觀念仍然相同：孩子遊戲的進展範圍從獨自遊戲到能夠和別人遊戲，以及團體遊戲。下面是引導幼稚園老師在教室從事遊戲活動的簡單模式，可以幫助你了解遊戲層級：

1. 單獨遊戲：在嬰兒時期，當寶寶首度發現他的腳趾而玩了起來，或拍拍掛在嬰兒床上面的懸吊玩具，或對著自己發出嘰哩咕嚕的聲音。

2. 和大人玩：在嬰兒時期，當父母騷寶寶的癢，逗他格格笑，或是唱兒歌搭配鼓掌打拍子。

3. 和旁邊的孩子玩：也就是「平行遊戲」，大約在十三到十四個月左右，孩子們喜歡彼此的陪伴，但是他們仍各玩各的，例如，他們可能都在玩積木，可是每個人各自堆積自己的塔。

4. 和另一個孩子一起玩：通常是在兩歲左右，孩子們一起玩同樣的活動，彼此互動，並且直接影響到彼此的遊戲。在這個階段，他們可能用積木一起建造某件東西。

5. 三至四個孩子的小團體遊戲：通常在三歲左右。如同平行遊戲，孩子們彼此分享他們正在玩的遊戲的「故事」，而將他們聯繫在一起。

6. 五個孩子以上的較大的團體遊戲：通常在五歲左右——也許一起堆積木，然後假裝那是動物園，或建造一間郵局，忙著寫信和送信。

一旦孩子熟悉一個層級的遊戲，他很容易就可以轉移到前一個層級玩，例如，能夠一起玩小團體遊戲的孩子，也能夠自己一個人玩，或跟大人玩。一整天下來，孩子經常在遊戲層級之間遊走，但是要轉移到下個層級，就會出現困難，因此和一個親密的朋友玩得很自在的孩子，要玩小團體遊戲仍然有困難。

為什麼知道遊戲層級會有幫助？因為有些普遍被定義為偏差行為或不服從的問題，其實是孩子被期待去玩或進行一個他還不熟悉的遊戲層級所造成的，這些小孩會感覺挫敗和不知所措，也可能表現出導致你相信他們「不肯分享」或「不知道怎麼玩」的行為。

在教室裡，**幼稚園老師使用觀察的技巧來判斷孩子已經達到什麼層級的遊戲。**整本教師手冊寫滿了觀察孩子遊戲，但是它的觀念其實很簡單：觀察。如果你三歲的孩子和三、四個小朋友玩遊戲時很快變得手足無措或氣餒，可以在附近給與引導或支持。尊重孩子的能力和限制，一步一步慢慢來，並示範適當的遊戲行為（分享、輪流、聆聽）。明白遊戲層級這件事不需要過於複雜，只要知道孩子進行不同層級的遊戲，而且從一個層級跳到下個層級是困難的。

學分35 父母投入孩子的遊戲世界，能使他更具想像力及創意

和孩子玩遊戲時，你應該了解儘管你想要讓遊戲維持以孩子為中心，幼小的孩子往往需要別人為他們示範遊戲的玩法。即使是喜歡「愛探險的朵拉」（Dora the explorer）的孩子也可能不知道她可以帶著新的朵拉娃娃和她一起探險，躲在桌子底下，到戶外去，並把背包裝上石頭，以及用浴巾搭成的帳篷裡面「露營」。你可以引導她做這種型態的活動，而不是只看著她背著新洋娃娃走進一個房間又一個房間，或者讓洋娃娃躺在她的床上。

藉著投入孩子的遊戲和示範遊戲玩法，你可以引導他朝向前面討論過的涵蓋更精細、更有創意與更多樣化的「較高層級」。請記住，你的目標並非取代孩子的遊戲，你並不希望指導或改變遊戲，你只是提供支持與建議，使孩子能夠玩得更有深度而且更為投入。

下面是一些以教室為基礎的主題，在家玩遊戲時可以引導孩子到「更高層級」，在保持以孩子為中心的遊戲時提供支持與引導。

- 如果孩子玩他的填充玩具，你可以幫助建立獸醫辦公室，提供碎布條用來當作背帶或繃帶、有夾紙裝置的書寫板用來寫醫療注意事項、便條紙用來寫處方簽，以及假裝成醫療器材的道具。你可以扮成醫生助理為醫生服務，或假扮成寵物主人在等待他的寵物，或假裝打電話要預約門診。
- 如果孩子正在玩積木，你可以提供賽車、人偶、地圖，或假裝成動物，這樣你和孩子就可以建造一條道路、一座城市或動物園。你也可以增加書寫板，上面夾著可以畫「藍圖」的紙，以及尺或捲尺作為測量工具。幼稚園教室的積木中心通常也有硬紙管、小盒子、碎布塊、保護帽和工具。如果孩子在外面挖掘或找石頭，你可以協助建立「科學中心」，在那裡孩子能貯藏和檢查他最喜歡的發現物。科學中心裡面的配備可能包括放大鏡、雙筒望遠鏡、秤、書寫板或記事本、測量工具、紙杯或盤子、磁鐵及滴管。

- 如果孩子在玩汽車或卡車，你可以用美容膠帶在地板上製造一條馬路，或在地上用粉筆畫出馬路。用盒子當成建築物建造一座城市。吸管可以用來當作紅綠燈或交通號誌。
- 如果孩子正在餵洋娃娃吃飯，你可以建議帶洋娃娃去假裝的餐廳吃飯，輪流成為服務生端食物給寶寶及父母；或者用盒子排列好，帶寶寶去「商店採購」。
- 如果孩子正在翻閱書籍，可以拿出一些索引卡和印台，建議玩圖書館遊戲，把書排列整齊，然後把書借出去、歸還圖書，再重新將它們上架。
- 如果孩子正在塗鴉，可以拿出幾個信封、鞋盒，以及一個麻袋或嬰兒車，玩郵局遊戲。把鞋盒貼上家人或朋友的名條，用麻袋來裝郵件，或用嬰兒車當作運送貨車。或者你可以擺一張桌子，上面放印有信頭的信紙、信封、鉛筆、一個舊公事包、幾個不要的郵件、尺、打洞機、膠帶，以及其他辦公用品，假裝成郵局。
- 如果孩子正在著色，可以將他的工藝箱裝一些像棉花球、毛線、零碎的布、煙斗通條、錫箔紙、絲帶、ＯＫ繃、美容膠帶和膠水等東西。當孩子做好幾個創作時，將這些作品放在桌子上展示，或掛在牆壁上，可以邀請親朋好友一起辦個「藝術秀」，或只是一起欣賞作品，並端上餅乾和果汁招待大家。

請注意，這個單元的共同要素是，對孩子有興趣的遊戲提供適合的道具和建議，同時讓孩子有許多機會能夠增加他的想像力，能夠完全投入遊戲，並且漸漸讓遊戲由他來指揮，當然囉，目標是要讓遊戲保持創意和趣味。

學分36 藉由玩遊戲來指引孩子度過壓力及難關

如果孩子將會有段艱難的時間或適應階段、父母親離婚、搬家、即將入學，你可以利用遊戲來協助他度過難關，或許能找出解決辦法。但是要注意，這些技巧不適合用在孩子「自由玩耍」的時段，換言之，不應該在孩子已經玩起別的遊戲時強行加入，而是找出時間開始進行這種類型的遊戲。

你的目標只是讓孩子敞開心胸，用他能接受的方法分享他的焦慮，有時候溫和地提供可行的解決方法讓他考慮。有些孩子對於玩偶的反應相當好，在玩溫馴的老鼠玩偶時，會低聲說出祕密，說出平常晚餐時他們不可能大聲宣揚的話。

在俄亥俄州的幼稚園教室，蜜米．布洛德絲基．錢斐爾德老師（Mimi Brodsky Chenfeld）用一個耳朵毛茸茸的小狗玩偶雪球；雪球從來不曾大聲說話，總是對著她的耳朵輕聲細語，因此她會告訴學生他所說的話。

過去幾年來她發現到，雪球使得寂寞的孩子不再害羞沉默、快活的孩子說話具有愛心，並且注意到一些受同學冷落的孩子。

她最喜歡的時刻是有一年在她班上有個耳朵聽不見的三歲男孩，他叫做吉姆。儘管有語言治療師的介入，這個男孩從來就不曾開口說過一句話。每天雪球和各個孩子道別親吻時，男孩總是專注地看著。那年雪球最喜歡的遊戲是躲貓貓，在這個遊戲中他總是搞砸了——每次都太快就露出他毛茸茸的小臉，逗得孩子好開心。

那年，吉姆終於說出他有生以來的第一句話：「雪球在哪兒？」

錢斐爾德老師表示，雪球提醒父母親一件事，那就是孩子需要可以聆聽他說話、絕對不會把人家留下就走開、給他們歡笑、不管怎麼樣都愛他們的朋友。

在家裡你也可以創造一個類似的玩偶朋友，務必要給這個玩偶明顯清楚的個性，以及滿滿的愛心。（參見第三章的玩偶指導。）布洛德絲基．錢斐爾德老師的訣竅是——玩遊戲時，玩偶老是犯同樣有趣的錯誤，讓玩偶對著你竊竊私語，然後把這些話和孩子們分享，讓玩偶給孩子好多好多的親吻與關愛。

其他的時候，你可以和玩具玩角色扮演。當孩子遇到困難時，老師會使用一個技巧來引導孩子度過，那就是在遊戲中讓孩子來擔任權威的角色，而她則扮演小孩子。例如：假使你的孩子很擔心要開學了，假裝你有一間校舍，這時你可以建議玩遊戲，由孩子來扮演老師，而你來扮演新學生，如此，**對於孩子的問題在假扮遊戲中提供解決辦法，之後他能夠自己加以思考及回應。**

學分37 引導孩子學習社交技巧，透過玩遊戲結交好友

如同我們在第一章討論過，對幼小的孩子而言，**發展友誼是增進自我意識最重要的事情之一**，然而，儘管這種欲望很自然，不見得每個人天生就擁有交朋友及維持友誼的能力。

孩子需要你指導他簡單的社交技巧——他可能不曉得應該對別人微笑和打招呼、知道其他小孩的名字、請問別的小孩。有些孩子需要練習直視著對方及微笑——孩子需要別人告訴他，這些是告訴其他孩子你想跟他們一起玩的社交暗示。你可以練習揮揮手說：「嗨！」教導孩子跟他想要進一步認識的孩子開口交談的幾個方法，將會有幫助。例如：你可以指導孩子如何誇獎別的小孩，或對他們的遊戲表達興趣。「嗨！我很喜歡你的洋娃娃，我家裡也有一個。」

孩子也應該了解，其他小孩不見得會有回應，因為他們同樣也不知道結交朋友

的最好方法。跟孩子保證，經過練習後，會比較容易做到。

如果孩子能接受而且準備進一步跳到小團體遊戲的層級，你可以提供他一些「社交暗示」，幫助他加入團體遊戲。例如：可以教導孩子問別的正在玩他所喜歡的遊戲的孩子：「等你不玩了，可以輪到我來玩嗎？」或者可以問：「你在玩什麼？」再接著問：「我也喜歡玩積木，我可以在你的塔旁邊堆這個嗎？」提供在特定例子中他會使用到的字彙，並加以練習。

在肯德基州，派翠絲·麥克雷莉老師開始在「圓圈時間」教孩子社交技巧；在圓圈時間，她的學生圍坐成橢圓形，她鼓勵孩子看著跟他講話的人，而不是一直看著老師。

「這種做法造成很大的不同！」她指出：「我教他們在和別人說話時，要看著對方的眼睛，我要他們看著彼此，而非只是看著老師。」

在南加州，史蒂芬妮·席雅要學生們練習互相輪流。「我們使用角色扮演——『那輛卡車真酷，我可以和你輪流玩嗎？』然後我們用流沙計時器或類似的時鐘練習輪流。」

學分38 參與孩子的遊戲世界，建立彼此間的信任感

最重要的原則是，記住當你和孩子一起玩耍時目標就是「玩」。身為父母的我們，往往將每次的親子互動變成「學習機會」或「說教時刻」，可是設身處地想想，如果有個人老是在說這類事情：「那個洋娃娃的衣服是什麼顏色？」或「這個積木是正方形還是矩形？」你會喜歡跟這樣的人玩嗎？

抗拒那些衝動，盡可能只是為了遊戲而遊戲。如果你女兒正在玩填充玩具狗，不要抓起其中一隻來考她問題（「小狗會發出什麼聲音？」），或許可以問：「這隻小狗喜歡玩什麼遊戲？」或「這隻小狗今天打算做什麼？」如果你的目標是和孩子玩耍，這些會是遊戲時間比較適合提出來的問題。

請記住，遊戲時間是你加入孩子的世界的時刻，應該從中了解更多關於孩子的想法、互動及他眼中的世界，你可以用所觀察到的這些來幫助他學習新技巧，或適應艱難的情況。**孩子或許較喜歡透過遊戲來分享他的想法和擔心的事情**。如果你沒

和孩子玩什麼遊戲，只是拿假餅乾餵她的洋娃娃十分鐘，仍然可以讓孩子知道，她對你多麼重要、你了解她，而且你會一直陪伴著她。

如果你是個不知道怎麼和孩子一起玩的人，有個老師常用的妙計對你會很有幫助，那就是把孩子玩的遊戲大聲描述出來。這個做法只是類似像個記者般把孩子的活動陳述出來：「傑克正把拖吊車開到馬路上，然後停下來，看起來似乎要把拖吊鉤掛在汽車上。」如果孩子似乎很喜歡這樣的互動，那麼就繼續下去，但是如果他似乎感到厭煩或分心，就該停下來。如果他邀你一起玩或你感覺不錯，可以在這個遊戲中參與更多。

第九課

培養家庭觀與團體意識

- 讓孩子了解個體間的差異，用包容的心培養共同意識
- 利用吃飯時間做溝通，引導孩子正面思考與會話技巧
- 讓孩子練習當主人，建立所有權人的意識及團隊精神
- 隨時推動團隊精神，培養共同理念與價值觀

學分39 讓孩子了解個體間的差異，用包容的心培養共同意識

回想那個學年的第六週，我第二度拜訪萊絲老師的幼稚園教室，孩子們在幾個星期內已經從一群各自為政的小團體轉變成真正的班級組織——願意分享、共同合作、互相關心，而這正是我們希望在家人身上見到的景象。

建立這種關係的過程包含許多我們在整本書中所討論的技巧——擁有能夠促進家庭或團體關係的工作或事情、依循共同的規則、建立習慣與固定作息、了解如何與人相處的基本技巧、遊戲與分享的經驗等諸如此類的事。

要建立這種同心協力的意識，也包括應該了解一個組織或家庭裡的人是有所不同的，而那些差異應該受到包容或珍惜。

在教室裡，琳達·迪米諾·杜菲老師在學期剛開始上課時，特別對於相同與不同的觀念花心思教導，她對學生說類似這樣的話：

幼教老師教養技巧

有誰可以告訴我，腦袋在哪裡？你怎麼找到腦袋的？你的爸爸媽媽能夠去某家特別的商店，訂製那種他們希望你擁有的腦袋嗎？沒辦法，因為你生下來就有的腦袋將會和你共處一輩子。腦袋是你身體中非常驚人的部位，它幫助你的身體運作，幫助你思考和感覺。

可是我們的腦袋非常複雜，運作方式也不相同，所以每個人都不一樣。隨著我們的成長，腦部也逐漸發育，所以我們學習的東西也愈來愈多。我們當中有些人學習某些東西很快，有些人則比較吃力。我們學習的狀況都不相同，擅長的東西也都不一樣，你們當中有些人的閱讀能力將會變得很強，有些人則是喜歡研究數字和數學，有些人未來將成為優秀的藝術家、音樂家、歌手，或成為非常好的朋友，關心你們周圍的人。

我們每個人都有特殊的天賦，而擁有特殊天賦很棒的事情是，你們可以分享它。**你可以幫助朋友學習那些他們感到困難的事情，你可以成為老師，能夠彼此互相幫助是件非常美好的事情。**

讓我們假裝每個人都一樣，如果我們全都是紫色皮膚紅頭髮、全都穿著藍色衣服，你喜歡這樣嗎？如果我們全都住在同樣的房子、開著一模一樣的車子，你喜歡這樣嗎？我認為我們有個別差異、彼此互相分享我們的特殊才能，是非常棒的事。

你覺得我們能彼此互相幫助怎麼樣？你認為我們都需要相同的東西嗎？如果每個人每天課餘時間都必須踢足球，或如果我們的圖書館每個星期只有相同的書借給每個人閱讀，你喜歡嗎？有時候我們必須做同樣的事情，但是偶爾可以做選擇也很不錯，這樣我們就能成為與眾不同的個人。

我的工作是盡力去幫助你們學習，但是你們每個人都不太一樣，所以有些人可能需要特別的幫助，有些人卻不需要，為什麼事實情況會這樣？（因為我們本來就不同。）有時候你可以分享你的特殊天賦來幫助同學。

在家裡講類似的話確實有助於建立家人的向心力，不管你們是討論家人之間的特別差異，或只是討論人與人之間大致的差異。

誠如杜菲老師所言：「這些類型的討論有助於學生或你自己的孩子奠定基礎，了解我們都是不同的個體，我們的需要也不相同。如果每個人受到的待遇不一樣，原因並不是我們喜歡某些孩子勝過其他人，而是因為我們都有不同的需要。」

學分40 利用吃飯時間做溝通，引導孩子正面思考與會話技巧

老師也要練習能夠促進團體意識的談話，讓每個人都有重要的事情和別人分享。在蜜米．布洛德絲基．錢斐爾德老師的教室裡，她發現有兩個問題可以改變教室：還有什麼？以及假如……你會……？

「你的沙鼠寵物還有什麼可以和大家分享？對於我們的春季出遊，我們還能想到什麼？『還有什麼』並非自以為是。」她在她的論文〈四項簡單的助力：成為有創意的老師不可不知的事〉裡如此表示。「它幫助我們拓展視野，提醒我們，一個話題或觀念永遠都沒有完全結束的時候。」

在家裡，**吃飯是提升家庭凝聚力非常好的時間，同時有助於了解家人以及使用這些談話的技巧**。要讓吃飯時間更有樂趣以及炒熱氣氛，你可以：

- 說些在你孩童時代，當你跟孩子同年齡時候的故事。在點心時間或其他空閒的時間，幼稚園老師會和學生分享他們的童年往事。在家裡，可以聊聊你的幼稚園老師，或你是否上過幼稚園。描述你童年時期的後院或臥房，談談你最不喜歡的食物，或是在家裡你認為最難遵守的規定。
- 對孩子當天的情況提出問題，接著問孩子在學校或托兒所最喜歡什麼？最不喜歡什麼？你可以說些白天工作的詳細情形，如果孩子有興趣，讓他提出問題來問你。
- 提出那天的問題，句型大概是這樣「如果……你會怎麼做？」在傑洛克絲老師夏威夷的教室裡，每天要放學之前，她的一年級學生會討論「今天我學到的三件新事情」。在家裡你可以修改這種方式為，每天晚上在餐桌上讓每個家人聊聊那種話題（包括父母在內）。你將會很訝異自己學到這麼多！

• 熟悉老師問開放式問題的藝術，這種方式可以教孩子思考技巧和會話技巧，同時讓你更加了解孩子的一切。有個教室訣竅是：不要老是「教導」孩子你所知道的主題，應該問：「你知道有關……的事嗎？」

傑洛克絲老師又多增加一道功夫：把這些談話內容簡單地記在筆記本上，將成為珍貴的日記，供家人日後一起觀賞，看你們改變有多大，以及你們學到了什麼。

偶爾你也可以用高級桌布或紙桌巾、花朵來布置餐桌。菜餚可以是平常吃的家庭食物，但是變化一下氣氛看起來就會不大一樣，這樣可以提供很好的機會，簡要地討論餐桌禮儀和其他的禮貌行為。

或者計畫辦個茶會來取代點心時間，使用真正的茶具，用真正的桌布鋪在桌子上，將食物擺在精美的碟子，邀請孩子坐下來，彼此敬「茶」（可用牛奶或果汁取代）。讓孩子輪流倒茶，或彼此互相服務，然後彼此安靜地交談。你也可以利用茶會來慶祝彼此的成功，例如：學到新的能力或在學校表現不錯。

學分41

讓孩子練習當主人，建立所有權人的意識及團隊精神

就許多方面來說，你的家象徵著你的家庭，所以應該效法幼稚園老師在教室裡採取的措施，在家裡建立所有權人的意識或團隊精神。**小孩子喜歡成為團體的一份子，並且將它反應在生活的地方。你可以委派有趣的工作，制定可以反應你們家裡的團隊精神的條款。**

例如：肯德基州幼稚園老師派翠絲．麥克雷莉有項稱為**「班級大使」**的教室任務讓學生們輪流做。她解釋道：「如果有人走進我們的教室，我們現任的班級大使就要迎向前跟他們介紹，分享我們教室的某些訊息。那個孩子得陪在參觀者身旁，直到我有機會加入他們為止。」

「這是讓孩子們得到更多以教室主人身分面對事情非常好的方法。」這對家裡年幼的孩子也是個非常好的工作——或者兄弟姊妹也可以分擔這項工作，一個招呼客人，一個幫他們拿外套或端茶水、點心，一個介紹家裡每個人。

分享故事和輪流說話的錦囊妙計

輪到我拿麥克風

年齡：四～六歲

材料：空的紙巾硬紙板軸、錫箔紙、黑色瓦楞板或衛生紙、膠水或膠帶

準備：和孩子一起用錫箔紙將空的硬紙板軸包覆，將衛生紙或瓦楞紙揉成一團，用膠水或膠帶將它貼在紙巾硬紙板軸的一端，讓它看起來好像一支麥克風。（最好用黑色紙將外層包起來，這樣看起來比較平滑。）

做法：在吃飯時間把「麥克風」交給一個人，讓他把這天最精采的事說出來，然後再交給下一個人，說出這天他最喜歡的事情，直到每個人都輪流過了為止。只有手拿麥克風的人才可以發言。也可以輪流說出你們那天感到最棘手或最有趣的部分，或你們很期待隔天會發生的某件事。

在夏威夷，寶琳．傑洛克絲的學生整個學年都很認真地一起工作，在教室門外建造一座花園：經過鋤草、播撒種子、照顧植株及最後的收成，吃自家摘種的蔬菜幫助他們共同成長，這種教學方式是正規教室課程所無法提供的。

全家人一起照顧花園的經驗也非常棒，事實上那也是許承諾的重要時刻——並非每個家人都有時間共同去做某件事情的，所以傑洛克絲老師為忙碌的家庭修改她的法子：剛開始只要做「垃圾園藝」即可。傑洛克絲老師解釋，這表示：切掉胡蘿蔔的上端，把它們放進盤子裡，然後觀察它們發芽；或從吃過的蘋果拿出種籽丟進杯子的土裡。如果你們家有院子，收集吃剩的蔬菜水果，把它們放進網子裡加進洋蔥，埋進土裡，幾星期後看看會發生什麼事。

「這種事不需要花很多力氣，也不需要花多少時間，」她說道：「而你們還是可以分享觀察某個東西成長的樂趣與興奮感。」

學分42、隨時推動團隊精神，培養共同理念與價值觀

老師也會藉由進行團體計畫推動班級精神，將孩子連結成一體——用每個孩子的圖畫或手印做成班旗、為學校日製作班級海報、為班級取綽號並在運動場上呼叫、製作班服在校外教學時穿著。在家裡也可以用同樣的辦法。

促進家庭「團隊精神」的錦囊妙計（一）

家庭旗幟

年齡：三～六歲

材料：布料、毛氈或佈告用硬紙板、全家福相片、絲帶、鈕扣、裝飾衣服的亮

片、貼紙、字母貼紙、紡織彩筆、布用麥克筆、布用膠水、剪刀、麥克筆

準備：把布料、毛氈或佈告用硬紙板剪成喜歡的形狀。

做法：和家人用名字或相片、手印、圖畫或簽名裝飾旗幟，也可以增加日期或年分。

其他變化：

- 在大門外面做一塊家庭歡迎墊子。剛開始拿出剩餘的單色地毯，用紡織彩筆加上你們的姓氏或「歡迎」的字樣，以及每個家人的腳印。
- 把運動衫縫在一起或購買配件做成家庭被子。
- 想出一個有趣的「團隊」綽號用來稱呼你的家庭，例如：「史密斯超級巨星」、「搖滾萊絲」、「亞當蘋果」、「海灘邦姆斯」等。

促進家庭「團隊精神」的錦囊妙計（二）

家庭讀書會

年齡：四～六歲

材料：可以供全家人一起看的書、紙或筆記本、筆或鉛筆

準備：全家人一起大聲唸一本書。

做法：看完一本書之後，在每星期的的讀書會時，共同討論這本書。可以了解這本書的作者，或了解更多有關這本書當年的時代背景。使用類似你們在固定的故事時間一起看的童書，儘管可能稍微長一點或複雜點。家人一起選擇書籍，並登記在表格上，顯示你們讀書會已經看了什麼書。也可以邀請祖父母一起來共襄盛舉。

其他變化：你也可以創作自己的「簡易讀者」書籍。在達拉·費德曼的馬里蘭州幼稚園教室裡，她用數位相機拍攝學生在幫助別人的畫面，然後製作

成書籍，介紹新字彙以及加強幫助別人的價值。在家裡，你也可以為孩子拍些他正在擦桌子、掃地和清除灰塵的照片。每一頁用一張照片，加上簡單的文字說明，例如：「這是拿著海綿的提米，這是拿著掃把的提米，這是拿著抹布的提米。」把這些頁面印出來，打上洞，也可以用夾子或三孔文件夾把這些頁面訂在一起，然後一起閱讀手工製的書籍。

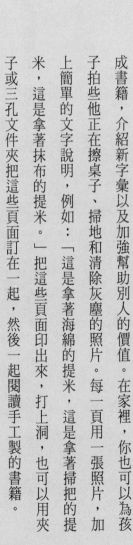

促進家庭「團隊精神」的錦囊妙計（三）

手語時間

年齡：四～六歲

材料：不用

準備：學習用手語表達一些句子，例如：「我愛你」、「謝謝」和「不客氣」。學習用手語表達詞彙，例如：「爸爸」、「媽媽」、「姊妹」、「兄弟」。學習用指語法加上手勢拼出每個人的名字。

做法：用這些詞彙和指語法，當成家人當中的特殊溝通形式。

其他變化：用外國語言（也許可以用祖先的語言）學習詞彙或片語，並且用來作為特殊的招呼語。

第十課

下一步：當孩子成長、改變時

◆用關愛、信賴及熟悉的技巧，做個自信的父母

學分43 用關愛、信賴及熟悉的技巧，做個自信的父母

在你熟悉本書所介紹的教師技巧之後，將會發現一件極重要的事情：孩子正在成長與改變！一些以前有作用的事可能不再保持同樣的神奇效果，一些以前使用在某方面根本不會產生問題的，可能突然變得愈來愈艱難，而有些曾經無法解決的問題，孩子可能會自己解決了，所有這些情況都是正常的。

你已經學會的技巧——而且已經教導孩子——仍然將終生受用並且可以調整；然而，看見及了解孩子正在改變，**在他成長時調整你的技巧、繼續支持孩子，是非常重要的事。**當孩子從三至六歲的幼年時期探出頭來，就要進入令人興奮的新階段了（大約持續到九歲），這段時期，他可能變得更獨立、更負責任、對外面世界的朋友和學校更有興趣。（這種改變在他長大成人仍將持續下去。）

聆聽和轉變

這時可以預期孩子對於接二連三的指示能更有技巧地執行。你仍然需要把指示分成明確、可以處理的步驟，但是可以期待孩子在每個步驟能多處理一些。

到了七歲，孩子也應該能夠（或大多能夠）大致上自己處理固定活動交替之間的壓力，他可以更容易地換檔，而且現在也了解在遊戲或進行某項計畫時如果被打斷，晚點兒還是能夠回來繼續做，不過他專注的時間已經延長，也比較能全神貫注在工作上，使得創造性的作業較不容易受到干擾。在一個活動必須結束前仍應該給與提示，讓孩子有時間作準備。給孩子較長的時間投入吸引他的活動，並且允許他把東西放在「安全的地方」，晚點兒再回來繼續做。

時間表與整理物品

到了七歲，孩子對於照顧自己和個人擁有的東西能夠承擔更多責任，他能夠收拾及整理物品，還可能自己發展出一套做這類事情的方法。孩子對於他的衣服怎麼收拾也可能有明顯的喜好，如此他能夠決定穿什麼，或對他的收藏品該怎麼貯存，好讓他能容易地拿出來玩，又能容易地放回原位。如果情況是這樣，可以允許他承擔收拾的責任，提供他需要的引導。

這個年齡的孩子仍需要依賴固定作息和清單，而且需要規畫好的時間表，但是應該用對他有效的方法，讓他承擔更多自己應盡的責任。

訂定規則及遵循規則

大約在六歲到九歲這段期間，孩子對於規則和角色非常感興趣，使得他在參與運動或其餘吸引他興趣的團體活動的時間認真投入。規則對孩子的遊戲變得非常重要，而他也越來越善於處理大團體的場合。

在家裡，這是非常適合重新檢視家規的理想時間，**允許孩子投注更多心力在引導行為的規則上，如果擬定的規則已經夠明確，這時候是適合將它們調整為較概括性方針的時機**，因為孩子比以前更容易使用和適應這些規定，而發展出「內心的聲音」來引導他，對他也會有幫助。

解決衝突與處理情緒

雖然孩子仍需要你繼續來引導他處理情緒與解決衝突，他對於日常生活工作上所經歷的挫敗感可能愈來愈少，也不應該常常亂發脾氣或爆發肢體衝突。**本書所提供的幫助孩子了解與處理情緒的技巧，在這個年紀仍然有其效用。**

這幾年期間，孩子將從把自己視為世界中心，穩定地逐漸改變為意識到其他人的感覺和行為。結果，在七歲左右他可能發展出強烈的公平意識，密切注意別人如何被對待，並且加以比較。尊重他對於公平的需求，但是不要因為如此而左右了你自己對於什麼是公平的了解。當孩子覺得某人受到不公平的對待，允許他表達意見，並且討論公平和平等在某些方面不見得都是相同的。

遊戲和培養團體意識

遊戲對於七歲至九歲孩子的生活仍然非常重要，孩子需要許多未經安排和未受指導的時間，由於這個年紀著重規矩，他對於玩遊戲變得愈來愈有興趣——不管是棋盤遊戲和室外運動遊戲。你可能會發現，孩子和朋友們創造出只有他們才懂的複雜的遊戲規則。

孩子對於吸引他的活動可能變得更加投入，包括工藝、運動、烹飪或其他有創意的事情。提供孩子發掘他熱愛的事情的機會，但是必須注意不要安排過多的運動訓練或才藝課。對於孩子成長與探索有幫助的未經規劃的遊戲時間，仍舊非常重要。

隨著孩子公平意識的增加，以及對家庭以外的世界認知的增長，這時正是讓家庭參與更多社區活動的絕佳機會——志願當公益團體的義工、收集寶特瓶或易開罐給環保站，或捐贈玩具和食物給貧苦家庭，**這些舉動都有助於增強家庭和社區意識**。

做個有自信的父母親

當你找到對你和孩子有用的計策，記得在教養和做決定時要有信心。馬里蘭州幼稚園老師達拉·費德曼提供如何評估教導是否成功的想法，你可以應用在家裡：

「每天我走出家門時會思考兩個基本問題：我的孩子快樂嗎？他們學習到值得做的事情嗎？」她說道。**「但最重要的是，我想讓他們知道，他們是受到關愛的——我愛他們，而且值得他們信賴。」**

附錄

受訪教師群簡介

◎蜜米・布洛德絲基・錢斐爾德（Mimi Brodsky Chenfeld）

擔任幼稚園老師的資歷超過五十年以上，現仍繼續在俄亥俄州中部繼續執教鞭，她的著作包括《歌頌孩子與他們的老師》（*Celebrating Young Children and Their Teachers*）、《用心教導：獻給老師及其他跟著心走的人》（*Teaching by Heart: For Teachers and Others Who Follow Their Hearts*），相當受到幼教界的喜愛。

◎賈姬・庫克（Jackie Cooke）

榮獲二〇〇七年俄勒岡州最佳教師，從她一年級第一天上學開始就知道自己想當老師。現在她已經任教二十五年，目前擔任一年級老師，對於教導學生培養數學深厚能力懷抱著特殊的熱情，並且幫助他們熟習工藝。

◎琳達．迪米諾．杜菲（Linda De-Mino Duffy）

在德州聖安東尼奧教幼稚園融合班，那表示她教導並扶持那些被安排進入正規班級的特教學生。她被提名為二〇〇一年德州最佳教師，經常在教師會議與研討會中發表言論。就讀高中高年級期間擔任特殊奧運志工之後，就非常嚮往教導有特殊需求的孩子。

◎達拉．費德曼（Dara Feldman）

在馬里蘭州的幼稚園任教，二〇〇五年榮獲迪士尼教師獎之後離開校園，創辦自己的公司「教育之心」，其宗旨是為從事教育者、學生及家庭提供對策，鼓勵道德特質的提升。

◎蘇西．海絲．凱恩（Susie Haas-Kane）

為加州幼稚園老師，二〇〇〇年曾進入美國教師榮譽榜。一九九九年，她被提名為加州最佳教師，同年為迪士尼教師獎得獎人，她以「兒童早期識字指導」研討班課程及風趣、創意及啟發性的班級概念而揚名美國。

◎蘭迪・海特（Randy Heite）

伊利諾州幼稚園老師，二〇〇三年獲選為迪士尼最佳教師。他除了提出許多有創意的班級計畫，每年還舉辦「幼稚園便餐」，讓他的學生們經營自己的餐廳一天，已經成為該社區的珍貴傳統。

◎寶琳・傑洛克絲（Pauline Jacroux）

在夏威夷教授一年級，榮獲二〇〇三年迪士尼教師獎。她表示她的班級花園也讓學生們學到有關生物、文化差異、分享、尊重、生命循環與自然環境等知識。在擔任老師之前，曾經從事物理治療的工作。

◎派翠絲・麥克雷莉（Patrice Mc Crary）

曾獲《美國報》提名為二〇〇六年「全美最佳教師」之一，並且榮獲肯德基州二〇〇三年最佳教師。她班上的學生以幾種語言（包括手語）互道「早安」來迎接一天的開始；麥克雷莉每星期寄出新聞信件、每個月發出行事曆、架構網站、寄出「新聞快訊」電子郵件，和父母親維持密切接觸。

◎史蒂芬妮・席雅（Stephanie Seay）

榮獲二〇〇六年南加州最佳教師，她任教於幼稚園，參與老師的學前教育準備和評估研討會。她把一個叫柯提斯的小男孩找回學校，小男孩再次讓她的教職生涯受到肯定。柯提斯是在她擔任實習老師時遇見的；柯提斯有個關在監牢的阿嬤、正在接受吸毒康復治療的媽媽，還有個虐待他的爸爸。柯提斯和她一起閱讀時，常蜷縮在她懷中。席雅實習結束的那天，柯提斯給她一封信，上面寫著：「我愛妳，因為妳是我的老師。」

◎派蒂・提爾（Patti Teel）

創作系列的有聲套書，教導學生以瑜珈、想像、音樂和說故事的方式做放鬆練習。身為兒童音樂專家與特殊教育老師，派蒂認為她的能力和孩子連結在一起，就是給她的最好的禮物。她的著作《輕鬆入睡遊戲書》（*The Floppy Sleep Game Book*）及其有聲ＣＤ幫助了美國各地成千上萬個家庭，教導孩子如何自我安撫進入夢鄉。

◎南西・瑋柏（Nancy Weber）

曾經擔任級任老師，在教育界有三十年的資歷，是全美知名的專業演說家及教育顧問，在美國各地與加拿大發表兩千場以上的專題討論會及重要演說。她是《老師的語言影響力》（*Teacher Talk: What It Really Means*）的合著者，並且為美國幼教學會二〇〇三的出版品《引導的力量》（*The Power of Guidance*）撰寫前言。南西・瑋柏目前定居密西根。

幼教老師不用數到3的秘密【暢銷修訂版】
What Kindergarten Teachers Know

作　　者／麗莎・霍娃（Lisa Holewa）&
瓊安・萊絲（Joan Rice）
譯　　者／莊綉雲
企劃選書／陳雯琪
責任編輯／陳雯琪
校　　對／章嘉凌、陳玉春

行銷經理／王維君
業務經理／羅越華
總 編 輯／林小鈴
發 行 人／何飛鵬
法律顧問／台英國際商務法律事務所 羅明通律師
出　　版／新手父母出版　城邦文化事業股份有限公司
台北市中山區民生東路二段 141 號 8 樓
電話：(02) 2500-7008　　傳真：(02) 2502-7676
E-mail：bwp.service@cite.com.tw
發　　行／英屬蓋曼群島商家庭傳媒股份有限公司城邦分公司
台北市中山區民生東路二段 141 號 2 樓
讀者服務專線：(02)2500-7718；(02)2500-7719
24 小時傳真服務：(02)2500-1990；(02)2500-1991
讀者服務信箱：E-mail：service@readingclub.com.tw
劃撥帳號：19863813　　戶名：書虫股份有限公司

香港發行所／城邦（香港）出版集團有限公司
香港灣仔駱克道 193 號 東超商業中心 1 樓
電話：(852) 2508-6231　　傳真：(852) 2578-9337
E-mail：hkcite@biznetvigator.com
馬新發行所／城邦（馬新）出版集團 Cite(M) Sdn. Bhd. (458372 U)
11, Jalan 30D/146, Desa Tasik, Sungai Besi,
57000 Kuala Lumpur, Malaysia.
電話：(603) 90563833　　傳真：(603) 90562833

封面・內文設計／徐思文
排　　版／浩瀚電腦排版股份有限公司
印　　刷／卡樂彩色製版印刷有限公司
經　　銷／農學社　　電話：(02)2917-8022　　傳真：(02)2915-6275

2009 年（民 98）5 月 12 日初版
2014 年（民 103）2 月 20 日修訂一版
2019 年（民 108）5 月 16 日修訂三版
Printed in Taiwan

定價／ 400 元

城邦讀書花園
www.cite.com.tw

ISBN 978-986-6616-24-2
EAN 4717702906535

國家圖書館出版品預行編目資料

幼教老師不用數到3的秘密／麗莎・霍娃（Lisa Holewa），
瓊安・萊絲（Joan Rice）著；莊綉雲 譯. -- 初版. -- 臺北市：
新手父母, 家庭傳媒城邦分公司發行, 2009.05
面； 公分.（好家教；SH0056Y）
譯自：What kindergarten teachers know: practical and playful ways
for parents to help children listen, learn, and cooperate at home

ISBN 978-986-6616-24-2（平裝）

1. 親職教育　2. 兒童發展　3. 親子關係

528.2　　98004134